早稲田教育叢書30

漢字・漢語・漢文の教育と指導

堀　誠　編著

学文社

はじめに

漢字・漢語・漢文は、われわれの日常生活に融けこみ密接不可分な存在となっている。その漢字・漢語・漢文は、教育の現場でどのように工夫して教えられ、どのような成果を生み出しているか。そして、その裏には、どのような失敗や困難がひそんでいるか。二〇〇八年度〜二〇〇九年度にわたる早稲田大学教育総合研究所公募研究「漢字・漢語・漢文に関する教育方法の検討」（部会主任・堀 誠）は、漢字・漢語・漢文をめぐる教育現場の現状を校種を超えてあるがままに認識し、その教育活動の実践体験を踏まえた成果の交流を通して、広域的な教学の将来を展望することを企図してスタートした。

その研究部会は、小学校・中学校・高等学校・大学の教員および大学院生・学部生によって構成され、その十五回におよぶ活動は、毎次、部会主任を含む二〜三名がレポートを担当して開催されてきた。その多様な観点に基づく各個の現状報告や取り組みを聴き、提言を共有し、質疑応答・意見交換を通して、各人のもつ問題意識を活性化しつつ、一つところに知恵を出しあい対策を考えあう時間的・空間的な営みは、何ものにも代えがたい濃密で貴重な体験を生んだと自己評価することができる。

その活動のもようは、『教育総合研究所所報』第十号（二〇〇九年六月刊）「二〇〇八年度プロジェクト成果報告」の「研究経過報告」、同じく第十一号（二〇一〇年六月刊）「二〇〇九年度プロジェクト成果報告」の「研究完了報告」にまとめ、各年度一月末に開催された「〔公開〕研究部会発表会」で主任が口頭による報告を行った。本書巻末の〔研究部会活動記録〕には、準備会ならびに十五回の活動内容を掲示したところである。

活動の回数を重ねるにつれ、本研究部会の成果を何らかの形で残したいとの積極的な意識が参加者の中に生まれてきた。その基本コンセプトは、漢字・漢語・漢文をめぐる今日的な話題・課題・問題点等に考察をおよぼし、各人各様の立場から闊達に提言することにあった。もちろん二年度にわたる研究部会の一つの成果としての意味をもつ以上、書名も構成もその活動の実態を明示し得る形でより具体的な像を結ぶにはさしたる時間を要しはしなかった。

第一部「漢字・漢語・漢文と教育を考える」には、二年間の部会活動において毎次部会主任が相互理解と問題の共有化のために担当してきた「漢字・漢語と生活」に基づくレポートを収めている。内容的にはそのすべてではなく、取捨選択と増補加筆の手を加えたものになっている。

第二部「小学校・中学校・高等学校・大学の実践指導から」には、小学校・中学校・高等学校・大学の教育実践の場に根差した報告と論考を集積する。その実践知に基づく報告と論考は、今日的な課題を鮮明に紡ぎだし、積極的な教学の営みとその工夫を注視した考説を展開している。

第三部「中国・韓国・欧州からのレポート」には、国際的な視点や比較教育学的観点に立って、漢字の誕生した中国、それを受容した韓国、そして遠隔の欧州（イタリア）における漢字・漢語・漢文の教学とその環境の事情を紹介するレポートを収める。これも漢字・漢語・漢文の置かれている国際的な環境を視野に入れた教学の方法とそのありようを考える取り組みの一つである。

各篇とも、具体的な質疑応答を通して問題点や課題を析出・検証してきた内容を含み、「読む」「書く」「話す」「聞く」という言語行為に不可欠と思われる漢字・漢語・漢文のもつ根源的な力の発見と、その力を育むための実践的な方法の考案、その教材と指導法の提案に満ちている。漢字のもつ歴史、漢語・熟語・故事成語の成り立ちとその意味世界、そして訓読による漢語・漢文の理解方法など、さまざまな視点から現実を見つめ直し、漢字・漢語・漢文の世界を多角的に掘りおこすことは、「ことばの力」の源泉を探究することに大いに繋がるにちがいない。各篇の取り組み、引いては本書の総合的な取り組みが、あらためて漢字・漢語・漢文の多様な世界に接近し、それらを多視的に科学する契機となることを願ってやまない。

二〇一〇年九月

編　者

目次

第二部　小学校・中学校・高等学校・大学の実践指導から

第三部　中国・韓国・欧州からのレポート

第一部　漢字・漢語・漢文と教育を考える

第一章

漢字・漢語・漢文と日常生活

堀　誠

一、日本の風土の中で

漢字・漢語・漢文は、我々の日常生活の中に生きている。それが生活に融けこむ事実は、読む・書く・聞く・話すといった日本語の言語行為を考えてみるだけで容易に理解し得るところであろう。

その来歴を尋ねれば、『日本書紀』には、応神天皇十六（二八五）年二月、王仁が渡来して、太子の師となり典籍《ふみ》を教えたことを記し、『古事記』には、百済国から和邇吉師が『論語』十巻と『千字文』一巻を持ち来ったことを伝えている。また、江戸時代には志賀島から「漢委奴国王印」の金印が出土し、それが『後漢書』「東夷伝」に記される後漢の光武帝が朝貢使に授けたものとも見られている。『千字文』は梁の周興嗣の撰になることから、その記載は時代的に虚偽になろうことが推測されてもいるが、ともかくこれらの記載や文物は漢字あるいは典籍（漢籍）の日本伝来や初伝を伝える資料と位置づけ得るものと理解され、それらの記載に、日本が伝来した文字や学問文化をその基底に据える方向性と受容のありようとが示されているようにも思われる。

そもそも漢字は、中国に生まれて発達し、わが国に伝えられてことばの表記に欠くべからざるものとなり、読む・書く・聞く・話すという言語行為に必要不可欠な存在となってきた。さらには日本特有のもののごとくに言われるひらがなやカタカナも、漢字・漢語・漢文が中国から受容されねば発生することもなかったとさえいえる。「真名」と称される漢字に対して、「カタカナ（片仮名）」は、漢字・漢文を和読する際に訓点として万葉仮名を補記したものに源流し、「片」は漢字の一部を取ったことを意味するといい、「ひらがな（平仮名）」は、万葉仮名として用いられた漢字の草書体が独立して表記に用いられたものであるという。すなわち、表記と学問に関わる「真名」たる漢字があってこそ、カタカナとひらがなという「仮名」が発生したといえる。その「真名」と「仮名」の関係性に日本語の文字のありようがよりよく表れ、むしろそこに仮名が国風のものとして強調される文化の特性が物語られてもいる。

こうした仮名の出自を知らずとも、日常の生活にとりたてて支障はないが、知れば文化の奥行きを知り、古代の人々の知恵と想像力の豊かさに後人として驚きと敬意と感謝とを覚えざるを得ない。現代日本に生きる我々にいたるまで継承されてきた知的な財産にほかならないが、それらが根源的にもつ表記するという行為は、ある事柄を記し、伝える働きから、表現のありようとその方法の問題を生じる。それはことばや表現の豊かさに連なるもので、文学といういとなみの源泉に関わるものでもあろう。その方面における漢字・漢語・漢文のさまざまなありようや様相を、その源流にあるものを視野に入れつつ考察思惟することは、いわゆる「国語」の教育はもとより、教科の枠組みを超えた日本の文化や学問をとらえる上で、有用にして重要な認識の方法となろう。

二、いわゆる「国語力」と漢字

二〇〇四（平成十六）年二月三日の文化審議会答申「これからの時代に求められる国語力について」によれば、いわゆる「国語力」の中核をなすのは「考える力」「感じる力」「想像する力」「表す力」という「言語を中心とした情報を処理・操作する領域」であり、それが機能するときの基盤となるのが「国語の知識」や「教養・価値観・感性等」の領域であると説明する。「国語力」は個々人の能力を構成するもので、学校教育はもとより家庭や社会において、その生涯にわたって涵養されるものでもあるとの認識が根底にはある。古典（古文、漢文）に親しむ、言葉を適切に使い分けてその場に相応しい言葉で書く、あるいは漢字を学習するあり方といった諸点で、漢字・漢語・漢文は大いに「国語力」の育成とその向上に関わりをもつ。その意味で、我々は日常性の中でそれらとの関わりを深め、発見を一つ一つ重ねて積極的に涵養する環境を創出することが必須であるように考える。

同じく二〇〇四年十二月に公表されたOECDによるPISA（対象は十五歳、二〇〇〇年から三年に一度実施）2003の結果は、読解力が前回2000の八位から十四位に後退し、いわゆるPISAショックの激震が走った。危機感を強めた文部科学省は、自由記述に弱い等の分析を踏まえて翌二〇〇五年に「読解力向上プログラム」を策定し、全学年・全教科で読解力を育成する授業作りを提唱し、新『学習指導要領』にも各教科による言語能力の育成を盛りこんだ。学校全体での教育力が問われるが、その基本には教科を超えた言葉の力の養成、とりわけ読み書きに必要な漢字力という基盤の再確認も不可欠であると考える。

漢字は小学校で学びはじめて以来（中には就学前からという人もあろうが）、点画と字形をめぐる親炙と嫌悪、その個々人の愛憎の悲喜劇という多様な振幅の事例をもって我々の目の前に立ちはだかりつつも、自らの姓名の表記をはじめ実生活の中で縁の切れない存在となっている。その漢字はどのようにして生まれてきたのか。

魯迅の『門外文談』二「字是什麼人造的《じはいかなるひとがつくったか》」には、「蒼頡（倉頡）」や「結縄」の話題も見える。蒼頡は古の黄帝の史官で、後晋の李瀚の『蒙求』にも「蒼頡造字」の四字で文字を発明した事績が記される。その人物像は、『三才図会』などに左右ともに上下に二眼ずつ、都合四眼の姿で出現する。中国最古の辞書として知られる後漢の許慎の『説文解字』の序には、蒼頡は「鳥獣の蹄迒の迹」を目にしてその鳥獣の違いを見抜き、文字を発想したという。四眼はこの蒼頡がもつ常人以上の観察眼や洞察力を象徴するものといってよく、魯迅は「二つ目の我々では、能力が不十分なばかりか、容貌も相応しくないのだ。」といっている。

その文字はそれぞれがどのように成り立ち、どのような意味をもつのか。『説文解字』はその書名が「文を説き、字を解する」ことを表すように、それぞれの文字の成り立ちとその意味を体系的に科学した書物といえる。「文」は線が交わるさまを表し、基本的な文字を指す。「ウ」と「子」を組み合わせた「字」は、産む、増えるの意で、副次的に「文」を組み合わせてできた文字を指す。そもそも『説文解字』が依拠した文字は、秦の始皇帝が天下統一後に文字に関しても統一すべく作った「小篆」であった。その当時はいまだ甲骨文は発見されていなかった。

実は甲骨文が発見されたのは、前々世紀の最後、清朝も末の時代のことで、許慎の時代にはいまだ土中に眠っていた。一八九九年、国子監祭酒の職にあった王懿栄は、持病であるマラリアの治療のために「竜骨」と呼ばれていた薬剤を服用していたが、弟子の劉鶚とその骨に刻まれていた文字らしいものを発見して蒐集する。やがてそれが殷周時代の占いの結果を記録した文字ということがわかってきた。先の『説文解字』は、いまだその文字が研究材料とはならない時代の所産であったが、この書物の中で許慎は文字の成り立ち等に関して「六書」を提唱したことはよく知られるところである。

「六書」とは、漢字の成り立ちに関する「象形」、「指事」、「会意」、「形声」という四つと、特殊な用法としての

「転注」、「仮借」という二つから成っている。よく知られているのは、象形であろう。たとえば、「山」という漢字である。この字形から、もともとの象形文字としての図像を想像することは容易では無かろう。「△」を横に三つ並べたがごとき図案的な「山」が、一つの「山」という文字に収斂してきたのである。また、「日」という漢字である。もともと「太陽」を描いたものだが、丸い形状が四角に変形する事実は興味深い。あるいは、図案的な月の形状が、文字どおり「月」という字になる。この月の形状からは、「夕」というもう一つの漢字が出てくる。この「夕」という字は、すぐに夕方の意味にとりがちであるが、もともとは月が出ている時間帯をいい、「夜」という概念を表した。漢字の成り立ちという原点に立ち返ってみると、従来知らなかった深い意味を見出し得ることも少なくない。

「指事」は、たとえば、あるものの上に位置するのか、下に位置するのかを指し示すものである。「上」という漢字と「下」という漢字は、左右に伸びる「一」を対称軸としてシンメトリーの関係にある。つまり、「一」の上、あるいは「一」の下にある「ト」は、あるものの「上」、あるいはあるものの「下」にあることを符号的に示してやったものである。

こうした象形や指事の、その基本的な成り立ちによる文字が「文」であり、それが複合的に組み合わされることによってたくさんの「字」が二次的に生まれてくることになる。たとえば、木の根もとを考えよう。象形文字である「木」の、上下に長い縦棒の下の方に短い横棒のチェックを入れることによって、木の根もと、「本（もと）」という意味概念を表すことになる。このように「木」という象形文字に指事の記号的な意味を加えることによって、また一つの別な文字が生まれてくることになる。

読み書きの基盤を担うだけに、その興味・関心を損なわず、日々教材に新出する漢字に立ち向かい克服していく方途の開発は、工夫に満ちた面白さのある分野であろう。

三、漢字の学習

現行の小学校の「学年別漢字配当表」には、第一学年：八〇字、第二学年：一六〇字、第三学年：二〇〇字、第四学年：二〇〇字、第五学年：一八五字、第六学年：一八一字の、都合一〇〇六字を割り当てている。橋本幸二「漢字教育　学年別配当表を見直せ[1]」は、中・高での教学経験に立って、「子どもたちの身近な生活の中で使用頻度が高いのに、なぜか外されている漢字が少なくない。」ことを指摘し、たとえば「浮」や「沈」など学校のプール活動とも関わる漢字を優先的に配する必要性を説くとともに、「併せて覚えれば簡単なのに、わざわざ切り離して別々の学年で教える」ことへの疑問を呈する。たとえば、「昼」と「夜」、「東」「西」「南」「北」はいずれも第二学年に配されるものの、「一」「十」「百」「千」は第一学年で教え、「万」は第二学年。「深」は第三学年で、「浅」は第四学年。「階」は第三学年で、「段」は第六学年。「君」は第三学年で、「私」は第六学年。因みに、「私」の訓は現行では「わたくし」のみとなる。また、「公私」と熟されることの多い「公」は、第二学年である。確かに、漢字の同義あるいは反義、また、その熟語などを斟酌して配当する配慮は、語彙力をつける観点からも有効性が高かろう。

加えて、その効率的な学習効果のためには、漢字の成り立ちの面にも押し広げて理解を深化することも必要であろう。ここでは、先の「公私」と熟される「私」と「公」に例を求めたい。この二字には、どこかに共通している部分がある。その共通項となる「ム」はどのような意味をもつのか。文字学の方面でいろいろな説が行われている。耕作に使う鍬の象形で、鍬を使って自ら耕作を営む、自分自身で働くことから、いわゆる「私」というものの主体、「私」という概念を表すという。別な解釈によると、「ム」はいわゆる腕、かいいな（ママ）を表し、まさに自分のものであることを主張すべく、腕で取り囲むことに由来する。もう一つ、この「ム」は、「これ、私の」と人差し指で鼻のてっぺんあたりを指して主張する姿と関わる。何で額を指さないで、「鼻」を指すのか。その顔を横から見れば、その指の先の鼻こそ「ム」の形にほかならなず、その「ム」が私の概念を表す。因みに、「ム」は、辞書にいわゆる「私」という字の源流として載ることを確認したい。

古代の農耕社会において、大切な所有物は「禾」、すなわち穀物であろう。その「禾」に私有する意味の「ム」を組み合わせて、「私」という字が誕生する。すなわち、「意」（意味）を「会」（合わせる）した「会意」文字である。また、「ム《シ》」が音符でもあって形声文字の面をあわせもつともいう。

その一方で、「公」の字の上部にある「八」は、物事に背く、あるいは物事を開放する意味合いを表す。当然、閉ざしていたものを開くことになるから、ものを人に分ける、与える意味をももつ。したがって、囲って「私」にしていたものを開き放つ、公に提供する、「公」にする意味合いを表すといい、これも会意文字となる。

いわゆる「公」と「私」とを対比的に理解することが可能であり、文字を日常性の中で理解する適材ともなろう。折に触れて、さまざまな文字のパーツ等に着眼したコメントをまとめておくと便利でもある。また、児童生徒に自らの関心・興味にしたがったミニレポートに挑戦させることも発見型の楽しい教材となろう。

四、漢字の「離」と「合」

ところで、「私」は偏と旁とから成り立っている。裏を返していえば、偏と旁に分解することができるということになる。いわゆる「偏《へん》」「旁《つくり》」「冠《かんむり》」「脚《あし》」「構《かまえ》」「垂《たれ》」「繞《にょう》」といった文字構成の部位素があり、少なくともその部位によって分解することが可能である。したがって、その「離」（分解）と「合」（合成）による文字的な遊戯が古くから存在した。それは漢字の文字としての特性に負うものでもあろうし、もちろんその部位素を越えた分解もあり得るところである。

陳の徐陵の『玉台新詠』巻十所収の「古絶句」は、いわゆる隠語詩として知られている。

藁砧今何在（藁砧　今　何《いづ》くにか在る）
山上復有山（山上　復た山有り）
何当大刀頭（何《いつ》か当に大刀の頭なるべき）
破鏡飛上天（破鏡飛びて天に上る）

起句において、「藁砧」の「砧」字は「趺」字と同義となり、さらに「趺」字は「夫」字に音通して、夫はどこにいるか、の意味となる。注目すべきは承句の「山上　復た山有り」である。「山」字の上に「山」字がある意で、「山」字に「山」字を重ねると「出」の字となるとの謎語であり、夫は出かけて留守であるとの意味を表す。第三句の「大刀頭」は、「大刀」の出土文物に明らかなように、その「頭」の部分には形態的に「環《わ》」が付帯している。「環」字は、帰還を意味する「還」字に音通し、夫の還りはいつごろかとの意味となる。結句の「破鏡」は、月の形状をたとえた語で、「破」は二つに割れ破《こわ》れることを意味しよう。その形状は半月を表し、上弦あるいは下弦の月が天空にかかる時節を指していう。また「破」字は、満ちた月が欠けた結果でもあろうから、それは下弦の月の出る時節との解釈となろう。

詩全体が謎語で構成される逸品であろうが、「山上復有山」は、「出」字を真ん中から一刀両断する謎語であった。こうした遊戯は、日本にも夙に伝来して受容されている。『古今和歌集』『百人一首』の文屋康秀の詠は、

吹くからに秋の草木のしをるればむべ山風をあらしといふらむ

「山風」と「あらし（嵐）」に漢字の離合を取り入れた例である。同じく『古今和歌集』の紀友則の詠には、

雪ふれば木毎に花ぞさきにけるいづれを梅とわきておらまし

「木毎」と「梅」に漢字の離合が見えている。[2]

こうした古典の事例に加えて、今日日本の長寿社会にあってはその「賀寿」の呼称にも多くの例を拾うことができる。八十八歳の祝いを「米寿」と呼ぶのは、「米」を「八」＋「十」＋「八」と分解するからにほかならない。八十歳を「仐（傘）寿」、八十一歳を「半寿」、九十歳を「卆（卒）寿」、百八歳を「茶寿」というのも同様の文字の分解による。核家族化したとはいえ、今日的な長寿社会の生活にかえって生命力を増したことばといってよい。この今日的な「賀寿」の話題から古典の世界にアプローチしていく取り組みはかえって斬新で、なぞなぞやパズルを解く遊戯的な感性を今日なおも共有し得るところに出発して、古い時代の人々との近しい心的な交流を育み得るものとも考えられる。

五、漢語の成り立ちと意味理解

漢字が組み合わされた「漢語」の世界は、その漢字の意味をとらえ、そのことばとしての成り立ちや構成に立ち戻って考えてみると、そのことばの奥深くを理解できるようにも思われる。たとえば、「地震」は、大地が震うこ

とを表している。上にくる漢字が主語で、下にくる漢字が動詞であるという構造性をもつ。「読書」は、「読書の秋」とかいう場合のように、「読書」という二字の熟語によって反射的にその意味がイメージされよう。ただ、その意味をことばの成り立ちにしたがってもう少し具体的に考えるならば、その文字の間にレ点を打って、「書を読む」と漢文流に読み変えてやることができる。こうすると意味が非常に明瞭になろう。漢語それぞれの成り立ちを踏まえた上で、その言葉をもう一度見直してみることは、漢語の意味合いと成り立ちをより深く認識することにつながる。特に、小学生の時に勉強したのと高校生・大学生・大人になって見直してみたのとでは、分析力や理解力に飛躍的な違いがあり、広範囲の教養が身について分析・理解する力というものが伴ってくるから、その昔は薄ぼんやりと「……かな?」と思っていたものが確かな意味合いですんなり理解されることにもなろう。

そこに意外な意味空間の発見をも伴うと思われる。一例として、「民主」という語を考えてみたい。「民主」といえば、「民主主義」をはじめ、複数の政党名にも使用される。それは、「民が主《あるじ》」であることを意味するように理解されていよう。しかし、古い中国の用例を洗ってみれば、『春秋左氏伝』襄公三十一年の条の、叔孫豹が趙孟の死を予言した言葉の中にその用例がある。

其語偸、不似民主。(其の語偸《うす》くして、民の主たるに似ず。)

「偸」は、なおざりの意。「民主」は「民の主」、「民のかしら」、「民にとっての主」の意で、「君主」と同様の意味を表すことが知られる。(3) 趙孟のことばがなおざりで、民の長のようには見えないことをいったものであった。

この「民主」の意外な意味に加えて、「民」の字は、そもそもが取っ手のついた錐の形に象るとも、目を針で突いたさまを描いたもの、目を見えなくした奴隷を表す、という。つまり、「たみ」は、統治される人々で、無位無官の庶民、広く民衆を意味する。その盲目にして自由を奪われたものを象徴する文字の成り立ちは、「たみ」の今日的意味からは想像を絶する意外な事実といわざるを得ない。

また「主」は、祭壇の燭台の上で灯火がじっと燃えているさまを描いた象形文字で、「丶《チュ》」は燃える火を表す。神火を守る者の意から転じて、ぬし、あるいは、あるじの意味が生まれたという。「民主」も「民のぬし」と解すれば、隠然として不快をともなう語となろう。

のみならず、四字熟語、故事成語に関しても、意味とことばの成り立ちの観点からアプローチすることが肝要でもあろう。たとえば、「傍若無人」とは、「どんな意味か？」と聞かれたら、何と答えるか。辞書を繰って出てきた意味をコンパクトに覚えておくのもいいが、その四字がどのように意味を表わしているのかを見つめることも必要である。日本においては訓読する、書き下し文にするという方法もある。そうした方法によった方が理解が早い場合もあろう。「傍若無人」を書き下し文にしてやると、「傍らに人無きがごとし〔若《ごと》し〕」となろう。それを見れば、「ああ、なるほど！」と意味がすんなりと入ってくるではないか。漢語の世界を理解するとき、既知の読む力や知識を動員して見つめ直すということが非常に重要なのではなかろうかと思われる。いわゆる漢文訓読を棚に上げて別物として向きあうのではなく、日常の場で折々に出現することばの理解に活用する仕組みを持続することが大切になろう。

中国には多様な故事成語の世界があるが、その中に「推敲」の故事がある。唐の賈島が、自分が詠んだ「僧は推す月下の門」の詩句の「推」字をそのままにするのがいいか、それとも「敲」の字に変えた方がいいか、悩みぬく。その時、すでに名声を得ていた韓愈に出会って、「敲」の字がよいと教えられ、なるほどと得心してその字を採ったことで知られている。今日なおも「文章を推敲する」のように使うが、たかが一文字だけれども、それが非常に大きな意味をもつ。いわゆる中国の故事成語の世界において、一文字を教えてくれた先生をいう「一字の師」の故事がいろいろに伝わる所以でもある。

「辞書」にはさまざまな情報が満載されている。辞書は、単にその語句の意味を調べるだけのものではない。漢字の成り立ちの説明や度量衡・年表等の諸情報も含めて広く利用していく方法も有効な学習の手段であるにちがいない。

六、句読点のいたずら

漢字には、形・音・義という三要素がある。「推」か「敲」か、その義にも関わる用字上の思案に由来する唐代の故事であったが、漢字の特性として、一つの漢字が複数の意味をもつこと、すなわちその多義性を挙げることができる。この漢字の多義性に関する話題として紹介したいのは、『水滸伝』第七十九回の一節である。

『水滸伝』は、明の四大奇書の一つに数えられる長篇小説である。その物語は、「説話《シュオホア》」と称される語り物の世界に胚胎してきたもので、「説話的《シュオホアダ》（講釈師）」が語る体で「白話」とよばれる口語の文体が機能する。漢文といえば、「孔子」の教えや『史記』の史伝の世界などをすぐに思い浮かべるかもしれないが、その孔子の言行を記録した『論語』や漢の武帝に仕えた司馬遷が著した『史記』の、いわゆる「文言」の文体とは異なる。「白」には、「建白」の「白《もうしあげる》」、『仮面の告白』や「自白」の「白《つげる》」の意味もある。「白話」と「文言」は中国の文章の世界でよく対比的に言及されるが、一般に「白話」で書かれた作品は高等学校の古典「漢文」の教材にその原文が入ることはない。ただ、ここで取り上げてみたいのは、『水滸伝』の中のいわゆる文言で記載された部分である。

さて、『水滸伝』は、宋江をはじめ「好漢」と呼ばれる百八人の英雄豪傑たちが、世の中の政治が悪いから、山東省は「水」の「滸《ほと》り」の要塞、梁山泊に集結して、世直しのために行動を起こす。「四海の内は皆兄弟」であり、

「替天行道（天に替《か》はりて道を行ふ）」をスローガンとする。「天」とは、いわゆる天帝であり、同時に、その信任を得てこの世で政治を行う皇帝をも意味する。まさにその「天」に替わって一つの「道」を行うというのであるから、この世の皇帝に対してのアンチテーゼとなる。為政者は当然彼らを殲滅すべく軍を送るけれども、それが成功しない。ならば、いっそその強い彼らを「招安」し、王朝に帰順させて世の中に起こっている反乱を鎮圧する先兵として使おうとしたわけである。

第七十九回後半の「宋江再び高太尉を敗る」の物語に、朝廷側の大将で散々に負けた高太尉のもとに派遣された勅使が、宋江たちを帰順させる詔勅をもたらす。その勅書は「文言」で書かれているので、漢文訓読で読むことができる。この済州の役所に勤める王瑾は、「剜心王（心臓えぐりの王《ワン》）」と渾名《あだな》される刻薄残忍な老吏で、その写しを読むや、高太尉にずるい策を献じる。詔書で最も重要なところは真ん中の次の一行にある(4)。

除宋江盧俊義等大小人衆所犯過悪並与赦免

中国の古典文献は、基本的に句読点の付いていない「白文」が前提となる。そこに読み手が文意を理解して句読点をつけることになる。この詔勅は、宋江ならびに盧俊義らを赦免するのが目的であり、本来は、

除宋江・盧俊義等大小人衆所犯過悪、並与赦免。
（宋江・盧俊義等の大小の人衆の犯せる所の過悪を除《ゆる》し、並びに赦免を与ふ。）

との文意に理解される。しかし、王瑾は一見するや、この句に着眼して、「除宋江」の後で切って読むように進言

する。すなわち、句読点は次のように変わる。

除宋江、盧俊義等大小人衆所犯過悪、並与赦免。

（宋江を除《のぞ》き、盧俊義等の大小の人衆の犯せる所の過悪、並びに赦免を与ふ。）

もちろん訓読も変更を生じて、宋江のみ赦免の対象者から除外されることになる。つい先走ってしまったが、王瑾自身の説明に耳を傾けてみたい。

> この一句はあいまいな言葉でございます。そこで、こんど開読なさいますときには、これを二句に分けてお読みになって、「除宋江」を一句とし、「盧俊義等大小人衆所犯過悪、並与赦免。」を別の句にするのでございます。そしてやつらをだまして城内へおびきいれ、頭の宋江だけをとりおさえて殺してしまい、手下のものどもをみなちりぢりにわけて、ほうぼうへ追いやってしまうのです。

悪知恵者というほかない。本来、冒頭の「除」は許すという意味で、宋江と盧俊義たちを除《ゆる》す意味で書かれたものと解釈される。ところが、ここで「除宋江」の後で切って読むと、「宋江を除《のぞ》き」の意味となり、この「除」は排除する、取り除く、除外する意味に変容する。宋江を除外して、盧俊義らは赦免されるというコンテクストに一変する。

「宋江」と「盧俊義等」を並列で読ませる文意を、読点を一つ加えることによって一変させる。その同様の例は日本語の文章にもよくあり、小学校低・中学年の学習内容となる句読点の打ち方に通底する話題にほかならない。[5]

一種のマジック的な文章読解法が王瑾の老練な頭脳に内在していたのである。その起死回生の一手を使って、にっくき敵の頭領たる宋江をやっつけ、ひいては彼らを殲滅しようとの算段であった。

この秘術で肝心なのは、コンテクストの中で自然に発生する「除」の字義の変化であった。それは、漢字が多義的な性格を持ち、前後のコンテクストの中で意味を表すことに起因する。漢和辞典を引くと、それぞれの漢字に多項目の意味が出てきて、どれをどうとったらいいのか、分明にならない場合もある。漢字の多義性による悩みであろう。

まさに『水滸伝』の「除」の場合も、その例外ではない。整理してみれば、本来この「除」は、赦免の「赦」に通じ、許す意味をもつ。熟語でいえば、「免除」の「除」がこれにあたる。その漢字を含めて熟語化してやれば、非常にわかりやすいのである。その他、「除」の取り除く意味は、「排除」や「除外」から考えれば非常にわかりやすい。また、「除」には、任官する、官職につけるという意味もある。「除目」の「除」でもあるわけで、動詞として複数の意味をもっている。

加えて、漢字は多義的な性格のため、漢字一文字で使われると意味的に不安定になりがちである。まさに王瑾が目を付けたのは単独で使われた「除」字の不安定さにあった。裏を返していえば、熟語化することによって漢字一字の意味的な不安定性は解消し得る。そこに熟語のもつ意味合いがある。他の漢字と結びつくことによって一つの意味的な安定性を持ち得る特徴は、漢詩文を読み、解釈を試みるのに有用な方法でもある。ふと出てきた漢字をどう理解して、解釈するか。その場その場で、意味的に適合するその漢字を含んだ熟語を考えてやることで理解力は向上するはずだと思われる。そういう一連の思考のトレーニングの持続が漢詩文の読解力の育成には有効であろう。(6)

こうして日常普段に向き合いながら、漢字、漢語、そして漢文と徐々に距離を縮めて近しくなっていくと、一つの思考の世界というものが飛躍的に向上するのではなかろうか。

『水滸伝』の先のストーリーは、あまり褒められたものではないが、悪意に満ちた老吏の「生きる力」が発揮されている。漢字・漢語の言語的特性に由来する一種の知恵でもある。その悪意に満ちた理解も、生活の中において、ことばのルールを犯すことなく一つの可能な意味をもち得たということができる。

七、「漢字」をめぐる戦前・戦後（1）

二〇一〇（平成二十二）年八月十五日、日本は六十五回目の終戦記念日を迎えた。その日を前に、広島・長崎の原爆忌に際しては、絶えざる時の流れとともに生き証人たる被爆者たちが高齢化・老齢化する中で、被爆の現実を風化させることなく、平和の尊厳を後世に語り継ぐことの重要性があらためて問い掛けられた。戦後六十五年の歳月は、まさに重い意味をもつが、そこからおよそ二カ月を溯った六月七日、文化審議会は、「改定常用漢字表」を答申した。この答申を踏まえて、二〇一〇年の年内にも内閣告示される見通しであると報じられた。ここに戦後の漢字をめぐる問題は新たなステージを迎えたが、この「改定常用漢字表」に言及する前に、今から二十余年前、すなわち戦後四十余年の時期に書かれた中田祝夫「漢字不滅を体験して—敗戦後の国語問題の回想—」[7]に注目しておきたい。「1序章」の冒頭で、諧謔的に問いかけている。

日本人は忘れっぽい、楽天的だなどという。これはどういう事実をさしていうのだろうか。その正確な意味は知らないが、ついこの間—といっても、もう四十年以上も昔のこととなったが—敗戦占領下の日本で、漢字危機が進行していたということを、今日の日本人はもうすっかり社会的に忘却しているような気がする。

ここにいう「漢字危機」とは、ポツダム宣言を受諾した敗戦国日本において、「漢字廃止のことが占領軍によってかなり執拗に暗示され、指示され、日本の政府もその動向に追随することが義務づけられていた」という占領下での特別な事情に由来する一大事であった。タイトルの「漢字不滅」をめぐる歴史的な談義の記載に、漢字制限の意義と展開がトレースされるが、今般の「改定常用漢字表」はとりわけ戦後の「危機」的な出発点からすれば、漢字制限と廃止のシナリオを超克する転調の境界と位置づけ得るかも知れない。

戦後、連合国軍司令部（GHQ）は、婦人参政権、労働組合法の制定、教育制度改革、圧政的な法制度の撤廃、経済の民主化という五大改革を指令するなど占領政策を展開する一方、一九四六（昭和二十一）年三月から一ヶ月近く滞在したアメリカ教育使節団は、日本語のローマ字化の勧告を含む報告書をGHQのマッカーサー元帥に提出する。その間、日本政府の側では、敗戦三ヶ月後の十一月二十七日に国語審議会第八回総会が開催され、国語問題の解決こそ日本再建の基礎となる、漢字の複雑かつ無統制な使用は文化の進展に大きな妨げとなるとの認識のもとに、「標準漢字表再検討に関する件」の審議が始まった。

この「標準漢字表」は、戦中の一九四二（昭和十七）年六月に国語審議会が答申したもので、常用漢字：一一三四字、準常用漢字：一三二〇字、特別漢字：七四字の二五二八字から成っていた。しかし、戦前の当時にあっては、漢字を廃止しようとするものだと攻撃にさらされ、文部省は、漢字の区分を撤廃して一四一字増補した二六六九字を「概ネ義務教育ニ於テ習得セシムベキ漢字ノ標準」として発表したのであった。

いま日本の近代にひるがえってみるに、いわゆる「国字」をめぐる論議[8]は、明治維新に先立つ一八六六（慶応二）年、前島来輔（のちに密と改名）が将軍徳川慶喜に奉った「漢字御廃止之儀」の建白が先駆けとなった。前島は維新後も、四民平等に基づく国民の教育を普及する理念のもと、漢字を廃して仮名を専用することを主張した。その後、一八六九（明治二）年には、大学頭山内豊信（容堂）に南部義籌が「修国語論」を建白して、漢字を廃してローマ字の採用を主張した。仮名、ローマ字の主張がある一方で、福沢諭吉は一八七三(明治六)年十一月、『文字之教《のおしえ》』の端書第一条に、

日本ニ仮名ノ文字アリナガラ漢字ヲ交ヘ用ヒルハ甚タ不都合ナレトモ往古ヨリノ仕来リニテ全国日用ノ書ニ皆漢字ヲ用ルノ風ト為リタレバ今俄ニ廃セントスルモ亦不都合ナリ(略)

と漢字を廃することの困難さを挙げて時節の到来を待つべきを説き、第二条には、その廃止の時節に備えるべく、

其用意トハ文章ヲ書クニ。ムツカシキ漢字ヲバ成ル丈ケ用ヒザルヤウ心掛ルコトナリ。ムツカシキ字ヲサヘ用ヒザレバ漢字ノ数ハ二千カ三千ニテ沢山ナル可シ

と提案する。難しい漢字を使わなければ「二千カ三千」という具体的な漢字の数をもあげ、「此書三冊[9]ニ漢字ヲ用ヒタル言葉ノ数。僅ニ千ニ足ラザレトモ一ト通リノ用便ニハ差支ナシ。(略)」とも述べている。漢字廃止を視野に入れて使用制限をする主旨であるが、その他、英語を国語に採用すべしと論じたのは、後に初代文部大臣を務める森有礼であった。その考えは外交官としてアメリカ赴任中の一八七三(明治六)年に著した『Education in Japan』の最後に公には論ぜられている。イギリス留学中の馬場辰猪がその意見に反駁を加えたことも知られる。[10]

やがて国字の問題は、仮名、ローマ字を提唱する種々の団体が相次いで結成され、主張と論争を繰り広げた。一方、一九〇〇(明治三十三)年には、大阪毎日新聞社長の職にあった原敬が一月に「漢字減少論」を掲載、二月に

は「漢字減少論補遺」を、四月には「ふり仮名改革論」を連載した。同年八月には、文部省は「小学校令施行規則」第一章第一節第十六条の内に、「尋常小学校ニ於テ教授ニ用フル漢字ハナルヘク第三号表ニ掲クル文字ノ範囲内ニ於テ之ヲ選フヘシ」と一二〇〇字を掲出した。一九〇二（明治三十五）年三月、文部省に国語調査委員会が設置され、官立初の国語調査機関として漢字節減、文体、仮名遣いなどの調査に基づく業績を挙げ、一九一三（大正二）年には廃止された。その後、一九二一（大正十）年六月には、国語国字問題に関心のあった原敬首相（同年十一月四日暗殺さる）の内閣で文部省に臨時国語調査会が設置され、一九二三（大正十二）年五月には「常用漢字表」（一九六二字）がまとめられた。

この「常用漢字表」が、現行の「常用漢字表」とは同称異体であることはいうまでもない。漢字節減の気運が高まりつつある中、新聞界は同年八月六日、漢字制限を実行する時機の到来を報じて臨時国語調査会の決定を支持・実施する「宣言」を掲載した。しかし、実施を期した九月一日に関東大震災が発生し、一時中止のやむなきにいたった。その後、一九二五（大正十四）年六月一日には、新聞十社が「漢字制限に関する宣言」を掲載し、「文部省常用漢字を基礎として、協同調査の結果、約六千に及ぶ現代新聞紙の使用漢字を約三分の一に限定することができました。」と報じ、制限は広告欄にも及ぼして「漢字を制限することによつて、広告を親しみ多きものとし、読みやすく、わかりやすく、そして効果多きものとすることは疑ふ余地もありません。」と宣言した。やがて「常用漢字表」は一九三一（昭和六）年五月に修正を加えて一八五八字が発表されたが、同年九月の満州事変の勃発により、中国の地名や人名の報道に制限が不能な状態に立ちいたった。

地異と有事に祟られた「常用漢字表」であったが、その後、一九三四（昭和九）年十二月に設置された国語審議会は、過去の国語調査委員会や臨時国語調査会に増した調査・審議機関として、文部大臣の諮問事項の一つであった「漢字ノ調査ニ関スル件」に関連して、一九三八（昭和十三）年には「漢字字体整理案」を、一九四二（昭和十七）年には先に記した「標準漢字表」を答申するにいたったのであった。しかし、戦時下にあって漢字制限への批判にさらされた文部省が取った対応はすでに記したとおりである。戦前の漢字制限をめぐる動向は時局に左右されつつ、問題は戦後に引き継がれる。

八、「漢字」をめぐる戦前・戦後（2）

一九四五（昭和二十）年八月十五日に敗戦を迎え、この時局の変転の中で、すでに記したように敗戦三ヶ月後の十一月二十七日開催の国語審議会第八回総会で、戦前に答申された「標準漢字表」が再審議されるところとなった。戦前の文部省が独自に修訂を加えたことに対する懸念が表明されるとともに、具体的な作業が進められて、翌一九四六（昭和二十一）年四月八日開催の第十四回委員会で「常用漢字」一二九五字が選定されるにいたった。この「常用漢字」は、「標準漢字表」の常用漢字一一三四字から八八字を除き、準常用漢字から二四九字を採り、特別漢字は全面的に不採用として一本化したものであった。しかし、この委員会の決定をうけて開催された国語審議会は四月二十七日・五月八日の両度（第九・十回）にわたり審議したものの採決にはいたらず、「漢字に関する主査委員会」を作ることを決めて「常用漢字」は頓挫する結果となった。

新しくスタートした「漢字に関する主査委員会」は、六月四日から十月十六日まで二十三回の委員会を毎週開催し、十月一日には「当用漢字表」を名称とすることを決定。十一月五日開催の国語審議会第十二回総会で議論を重ね、満場一致で一八五〇字を可決、答申するにいたった。敗戦直後の十一月に開催された国語審議会からわずか一年。早くも十一月十六日には「現代かなづかい」（国語審議会第十一回総会で採択・答申）とともに公布された。「当用」とは、当座、差し当たって、を意味する。その二字が意味するところは、漢字の制限、あるいは漢字の廃止の方向性、進捗の具合と連動して推移・変容するはずのものであったろう。同年四月に公表されたアメリカ教育使節団の報告書には、漢字は一般的な書き言葉としては全廃され、音標文字としてローマ字の採用されるべきことが勧告された。そのGHQやアメリカ教育使節団の占領下日本の国語改革への関心が深い環境下で、「漢字仮名交じり文」の改革、漢字制限に関わる議論の推進には、日本側の主体性を貫く意図が働いたと考えられる。

さらに、義務教育九年間で教える範囲を定める「義務教育用漢字主査委員会」の検討が一九四六（昭和二十一）年十月から翌一九四七年八月まで三十三回開催され、「当用漢字別表」の八八一字が選定された。一九四八（昭和二十三）年には「当用漢字音訓表」、翌年に「当用漢字字体表」が告示され、字数・字種・音訓（読み方）・字体に関する新たな枠組みが公になり、「現代かなづかい」と相俟って、教育界はもとより、官公庁文書・新聞・雑誌・広告などにまで幅広く行き渡ることになった。

一九五〇（昭和二十五）年八月に来日した第二次アメリカ教育使節団の報告書（同年九月）には、国語改良の努力をもって「当用漢字音訓表」、「当用漢字別表」による漢字制限、仮名遣いの改良が推進され、ローマ字使用とその教育が増加したことを評価して、全面的な日本語のローマ字化の勧告は退色したといえる。他方、その変化の理由には、一九四八（昭和二十三年八月）に実施されたGHQのCIE（民間情報教育局）による「日本人の読み書き能力調査」があると考えられる。調査は文部省、教育研修所（後の国立教育研究所）の協力の下、十五～六十四歳を対象として全国二七〇箇所で、層別多段無作為抽出法で行われた。結果は、全国平均で「不完全文盲」（漢字一字も読めないもの）二・一％、「完全文盲（仮名一字も読めないもの）」一・六％、十五～十九歳および二十～二十四歳ではそれぞれ〇・二％の低率であった。その現実の数字は動かし難いもので、ローマ字化の積極的な裏付けとはならなかった。[11]

かくて「当用漢字表」は、一九八一（昭和五十六）年の新たな「常用漢字表」の告示によってその使命を終わるまで、呼称に「当用」の二字を帯びながら戦後三十五年の長きに及んだ。因みに、「常用漢字表」の一九四五字という字数は、当用漢字の字種を継承し、かつ九五字を追加したもので、これに伴い当用漢字の別表・音訓表・字体表も廃止された。

この「常用漢字表」答申の前文には、「言うまでもなく、我が国の表記法として広く行われている漢字仮名まじり文は、我が国の社会や文化にとって有効適切なものであり、今後ともその機能の充実を図っていく必要がある。」と指摘する。「漢字仮名まじり文」を前提とする施政方針がいわば公明正大に謳われ、敗戦直後からの懸案が新たな時代を迎えたことを宣言する意味をもったようである。しかし、「常用漢字」もその後の社会的、ＩＴ技術の変革の潮流の中で見直しが問われ、そのありようが諮問されるにいたった。

九、「改定常用漢字表」の答申

二〇一〇（平成二十二）年六月七日、文化審議会は、二〇〇五（平成十七）年三月三十日に文部科学大臣から発せられた諮問の一つ「情報化時代に対応する漢字政策の在り方について」に対する漢字小委員会・国語分科会での審議検討を踏まえた「改定常用漢字表」を答申した。その骨子は、従来の常用漢字から五字を削減し、一九六字を追加するもので、年内には内閣告示される見通しであると報道された。ここに「常用漢字表」は一九八一（昭和五十六）年の告示から二十九年、敗戦から数えて六十五年を経て改定されたが、改定は教育の現場にも多くの影響を及ぼすものとなろう。この国語政策上の転換点に際会する中、現在の漢字・漢語・漢文に関する教育現場の状況と教学の実践知を検証しておくことは、将来的にも一つの大きな意味をもち得るものであろう。

文部科学大臣の諮問理由は、以下のようなものであった。

種々の社会変化の中でも、情報化の進展に伴う、パソコンや携帯電話などの情報機器の普及は人々の言語生活とりわけ、その漢字使用に大きな影響を与えている。このような状況にあって「法令、公用文書、新聞、雑誌、放送など、一般の社会生活において、現代の国語を書き表す場合の漢字使用の目安」である常用漢字表（昭和五十六年内閣告示・訓令）が、果たして、情報化の進展する現在においても「漢字使用の目安」として十分機能しているのかどうか、検討する時期に来ている。

この日進月歩というべき情報テクノロジー全開の時代が到来する中で、従来の「常用漢字表」に基づく言語生活への問いかけから始まる。現行の枠組みと現実的な漢字使用との乖離は、確かに日増しに実感されるところでもある。

常用漢字表の在り方を検討するに当たっては、ＪＩＳ漢字や人名用漢字との関係を踏まえて、日本の漢字全体をどのように考えていくかという観点から総合的な漢字政策の構築を目指していく必要がある。その場合、これまで国語施策として明確な方針を示してこなかった固有名詞の扱いについても、基本的な考え方を整理していくことが不可欠となる。

漢字の表示や印字と字体の問題、清新な命名と関わる人名用漢字などは、常用漢字に基本を置く一方で、現実的にさまざまの葛藤をも生んでいる。日本の漢字全体にわたる観点は、ＩＴ社会が進捗する中で制限と開放との大きな揺れ幅の渦中にある。なかんずく、日々の言語生活でとりわけ大きな変化が及んでいるのは「書く」方面にほかならない。

また、情報機器の広範な普及は、一方で、一般の文字生活において人々が手書きをする機会を確実に減らしている。漢字を手で書くことをどのように位置付けるかについては、情報化が進展すればするほど、重要な課題として検討することが求められる。検討に際しては、漢字の習得及び運用面とのかかわり、手書き自体が大切な文化であるという二つの面から整理していくことが望まれる。

技術革新の著しい昨今、ルネッサンスの三大発明の一つに数えられた活版印刷術もおよそ終焉の時代を迎えつつある。誰でも手軽にいつでも印字・印刷できる環境はいとも至便なもので、その恩恵に浴して文字の上手下手を品評される懊悩から解放されてもいよう。世代間での差はあろうが、文章もキーボードを「打つ」あるいは「叩く」時代に変容をとげつつあるといえる。その神神しい未来を思うにつけ、ふと懸念されるのが「書く」という行為そのものや毛筆・硬筆の「書法」であり、いわゆる「書」の芸術でもある。延いては、伝統的な文房四宝―筆・墨・硯・紙―の行く末も大いに気になるところである。

「改定常用漢字表」答申のⅠ「基本的な考え方」では、諮問理由に答えるべく、1「情報化社会の進展と漢字政策の在り方」、2「改定常用漢字表の性格」、3「字種・音訓の選定について」、4「追加字種の字体について」、5「その他関連事項」、(付)「字体についての解説」と改定の趣旨を説明するが[12]、その一連の説明の中で特に注目しておきたいのは、学校教育との関連、とりわけ「書く」という行為と新『学習指導要領』との関わりの問題についてである。

上記答申のⅠ「基本的な考え方」1の（4）で「漢字を手書きすることの重要性」が声高に説かれるその一方で、2「改定常用漢字表の性格」（1）「基本的な性格」には、

1　法令、公用文書、新聞、雑誌、放送等、一般の社会生活において、現代の国語を書き表す場合の漢字使用の目安を示すものである。

2　科学、技術、芸術その他の各種専門分野や、個々人の表記にまで及ぼそうとするものではない。ただし、専門分野の語であっても、一般の社会生活と密接に関連する語の表記については、この表を参考とすることが望ましい。

3　固有名詞を対象とするものではない。ただし、固有名詞の中でも特に公共性の高い都道府県名に用いる漢字及びそれに準じる漢字は例外として扱う。

4　過去の著作や文書における漢字使用を否定するものではない。

5　運用に当たっては、個々の事情に応じて、適切な考慮を加える余地のあるものである。

と位置づけ、「一般の社会生活における漢字使用の目安となることを目指すものであるから、表に掲げられた漢字だけを用いて文章を書かなければならないという制限的なものでなく、必要に応じ、振り仮名等を用いて読み方を示すような配慮を加えるなどした上で、表に掲げられていない漢字を使用することもできるものである。」と補説する。さらに末尾に、次のように付言する。

なお、情報機器の使用が一般化・日常化している現在の文字生活の実態を踏まえるならば、漢字表に掲げるすべての漢字を手書きできる必要はなく、また、それを求めるものでもない。

この「手書き」に関する説明は、従来からの漢字制限の枠組みを緩和するとともに、現実的な生活実態をとらえた寛容な対応と考えられる。その「すべての漢字を手書きできる必要はなく」は、全面実施に向けて始動しはじめた新『学習指導要領』と抵触矛盾はしないか。学校教育の現場との関連から考えてみる。

十、新『学習指導要領』と漢字指導

新『学習指導要領』は二〇〇九（平成二十一）年四月から一部先行実施され（小・中の算数・数学と理科、小学校五・六年生の外国語活動）、小学校は二〇一一年度から、中学校は二〇一二年度から全面実施され、高校は二〇一三年度から学年進行で実施（一部を二〇一二年度から先行実施）される。その新しい『学習指導要領』に盛り込まれた校種ごとの漢字学習の内容を一覧しておきたい。まず漢字学習のスタートとなる〔小学校〕[13]である。

第1学年においては、別表の学年別漢字配当表（以下「学年別漢字配当表」という。）の第1学年に配当されている漢字を読み、漸次書き、文や文章の中で使うこと。

第2学年においては、学年別漢字配当表の第2学年までに配当されている漢字を読むこと。また、第1学年の中に配当されている漢字を書き、文や文章の中で使うとともに、第2学年に配当されている漢字を漸次書き、文や文章で使うこと。

第3学年及び第4学年の各学年においては、学年別漢字配当表の当該学年までに配当されている漢字を読むこと。また、当該学年の前の学年までに配当されている漢字を書き、文や文章の中で使うとともに、当該学年に配当されている漢字を漸次書き、文や文章の中で使うこと。

第5学年及び第6学年の各学年においては、学年別漢字配当表の当該学年までに配当されている漢字を読むこと。また、当該学年の前の学年までに配当されている漢字を書き、文や文章の中で使うとともに、当該学年に配当されている漢字を漸次書き、文や文章の中で使うこと。

この小学校六年間に配当された「学年別漢字配当表」の一〇〇六字（学年毎の配当字数は、三「漢字の学習」を参照）が、その後の教育・学習、そして社会的な言語生活の基礎となることはいうまでもない。当該の学年配当の漢字を「読」み、「漸次書」き、「文や文章の中で使う」という旧指導要領以来の表現には、詰め込みにならない「ゆとり」への配慮もあろうか。加えて、〔文字文化に関する事項〕には、

第3学年及び第4学年：漢字のへん、つくりなどの構成についての知識をもつこと。
第5学年及び第6学年：仮名及び漢字の由来、特質などについて理解すること。

漢字そのもの、漢字と仮名の関わりなどの文化的教養を育む意図も盛られている。
上記の「学年別漢字配当表」の漢字学習を基礎として入学する〔中学校〕[14]では、

第一学年：
（ア）小学校学習指導要領第2章第1節国語の学年別漢字配当表（以下「学年別漢字配当表」という。）に示されている漢字に加え、その他の常用漢字のうち二五〇字程度から三〇〇字程度までの漢字を読むこと。
（イ）学年別漢字配当表の漢字のうち九〇〇字程度の漢字を書き、文や文章の中で使うこと。
第二学年：

（ア）　第1学年までに学習した常用漢字に加え、その他の常用漢字のうち三〇〇字程度から三五〇字程度までの漢字を読むこと。

（イ）　学年別漢字配当表に示されている漢字を書き、文や文章の中で使うこと。

第三学年：

（ア）　第2学年までに学習した常用漢字に加え、その他の常用漢字の大体を読むこと。

（イ）　学年別漢字配当表に示されている漢字について、文や文章の中で使い慣れること。

中学校三年間は、まさに小学校の「学年別漢字配当表」を基礎に、その他の「常用漢字表」の漢字の読み・書き、使い方を習得するものである。第三学年で、「その他の常用漢字の大体」を読むこととするが、書くことのコメントは特に書かれず、むしろ「使い慣れること」に重きが置かれている。

小学校・中学校による義務教育を修了して進学する〔高等学校〕では、新たに「共通必履修科目」に位置づけられた「国語総合[15]」において、

常用漢字の読みに慣れ、主な常用漢字が書けるようになること。

と簡明に記される。この内容に関しては『高等学校学習指導要領解説　国語編[16]』には、

常用漢字の指導については、中学校における指導との系統性に注意する必要がある。

とまず指摘し、「中学校における指導との系統性」に関連して、前引の中学校第一学年・第二学年・第三学年の内容を摘録して十全な理解を求めている。さらには、

「国語総合」では、中学校における学習の上に立ち、常用漢字の音訓を正しく使えるようにするとともに、主な常用漢字が文脈に応じて書けるようになることを求めている。

と、読みと正しい使い方とともに、書くことでは対象を「主な常用漢字」と表現して、文脈に応じた書く力を求めている。その上で、漢字指導に関しては、次のように漢字の成り立ちや特質、他教科・他科目との連繋を意識したポイントを強調する。

漢字の指導は単調なものになりがちである。そこで、漢字の成り立ちや特質に触れたり、国語科をはじめ各教科・科目等における学習用語の多くは漢字で表記されていることを具体的な用例で示したりするなど、生徒の学習意欲が高まるよう工夫する必要がある。

高校の新しい他の国語科目である「国語表現」「現代文A」「現代文B」「古典A」「古典B」の教材でも、「国語総合」の漢字指導の趣旨に沿った指導がなされるものであろうが、常用漢字表は今回の改定によって、五字の削減・一九六字の追加がなされる。その追加字種分は、中学校以降のいわゆる「その他の常用漢字」の枠組みを拡張することになり、学習と指導に更なる負担を強いることになろうことは疑いのない事実である。

上述した新『高等学校学習指導要領』の「国語総合」で「常用漢字の読みに慣れ、主な常用漢字が書けるように

なること。」を標榜する方針は、「改定常用漢字表」にいう「すべての漢字を手書きできる必要はなく」と矛盾はないのか。ニュアンスの差こそあれ、「主な常用漢字が書けるようになる」は、必ずしもすべての常用漢字を書けることを要求せぬ寛容な指針であることは確かである。「改定常用漢字表」答申は、5「その他関連事項」(2)に「学校教育における漢字指導」のタイトルのもとに、

現行常用漢字表の「答申前文」に示された以下の考え方[17]を継承し、改定常用漢字表の趣旨を学校教育においてどのように具体化するかについては、これまでどおり教育上の適切な措置にゆだねる。

と、従来の考え方に変更のないことを明記している。事実としてその教育上の取り扱いは「改定常用漢字表」の答申後に、文部科学省(初等中等教育局教育課程課)が「改定常用漢字表の内閣告示に備え、学校教育における漢字の取扱いについて調査研究を行う。」との趣旨のもと、「常用漢字表改定に伴う学校教育上の対応に関する専門家会議」第一回を七月七日に開催して以来、第二回七月二十六日、第三回八月九日、第四回八月三十一日、第五回九月七日、第六回九月二十九日と検討を重ねた。その結果報告「常用漢字表改定に伴う学校教育上の対応について(まとめ)」によれば、追加字種一九六字の読みの指導を(中学校)に追加して、第一学年で「三〇〇字程度から四〇〇字程度」に、第二学年で「三五〇字程度から四五〇字程度」に改めて吸収し、新『学習指導要領』が全面実施される二〇一二年度から適用されるという[18]。教科書への対応は二〇一二年度以降、高校・大学入試問題への対応は二〇一五年度から(漢字の出題等は受験者の負担を考慮し、「改定常用漢字表」の性格にある考え方を周知する。大学入試の対応については関係者間での協議が求められる。)とされる。

ただ大学全入の時代が到来する中で、小・中・高の教育課程を経て大学へ進学する環境を想定すれば、入学試験

における問題文・設問の文字使用、とりわけ漢字の書き取りでも、基本的にその目安を「改定常用漢字表」とする枠組みに大きな変更はなかろう。仮に、その使用の範囲と出題方法に何らかの断り書きが加わるにしても、「改定常用漢字表」は学習者に対しては大枠として制約の機能を果たし、実態としてはその「すべての漢字」を対象として、改定によって数的に枠組みが拡張増大することになろう。追加字種（一九六字）を示せば、

挨 曖 宛 嵐 畏 萎 椅 彙 茨 咽 淫 唄 鬱 怨 媛 艶 旺 岡 臆 俺 苛 牙 瓦 楷 潰
諧 崖 蓋 骸 柿 顎 葛 釜 鎌 韓 玩 伎 亀 毀 畿 臼 嗅 巾 僅 錦 惧 串 窟 熊 詣
憬 稽 隙 桁 拳 鍵 舷 股 虎 錮 勾 梗 喉 乞 傲 駒 頃 痕 沙 挫 采 塞 埼 柵 刹
拶 斬 恣 摯 餌 鹿 叱 嫉 腫 呪 袖 羞 蹴 憧 拭 尻 芯 腎 須 裾 凄 醒 脊 戚 煎
羨 腺 詮 箋 膳 狙 遡 曽 爽 痩 踪 捉 遜 汰 唾 堆 戴 誰 旦 綻 緻 酎 貼 嘲 捗
椎 爪 鶴 諦 溺 塡 妬 賭 藤 瞳 栃 頓 貪 丼 那 奈 梨 謎 鍋 匂 虹 捻 罵 剝 箸
氾 汎 阪 斑 眉 膝 肘 阜 訃 蔽 餅 璧 蔑 哺 蜂 貌 頰 睦 勃 昧 枕 蜜 冥 麺 冶
弥 闇 喩 湧 妖 瘍 沃 拉 辣 藍 璃 慄 侶 瞭 瑠 呂 賂 弄 籠 麓 脇

となる。筆画数だけをとっても、二十九画の「鬱」をはじめ習得に難渋を強いられそうな漢字が目白押しの感も少なからずある。児童・生徒、教員、保護者に対しても、その数的な増加は教学の場面で負担を強い、圧迫感を与える悪玉的な存在になりかねない気配すら感じられる。新『高等学校学習指導要領解説 国語編』が、漢字指導の単調さを回避すべく漢字の成り立ちや特質、他教科・科目の学習語彙との連繫策をわざわざ説いていることは、その不安を解消する教導的な意味をもつものか。現実に教場での指導が空転することなく有機的な教学の時間と空間を

生むことを期待してやまない。

十一、生活を逆手に取る

我々の生活に息づく漢字や言葉に、自分の側から近づいていって認識する、わかりきったことと高を括らないで、もう一度足元に立ちかえってみる。こうした前向きな意欲や関心を引きだすには、時事的な話題や「常用漢字表」の「改定」を逆手にとった話題の提供という方法もあり得るかもしれない。たとえば、審議過程での字種の削減案と追加案の作成、決定に関わる話題である。

「俺」という漢字は、当初、公文書や公の場では使わないことから追加字種に加えることに対する反対が少なくなく、その追加の可否をめぐる白熱した議論が戦わされていた。それが二年前の二〇〇八年七月、書籍などでの出現頻度が上昇している、ウェブ上や携帯メール等での使用率が高い等、今日的社会の言語使用の動勢が決め手となって、その追加が承認された。その意味では、今回の時世の変化を視野に入れた「常用漢字表」改定の趣旨に合致した申し子的な存在とも認められるのである。

そもそも「オレ」は、「ワタシ」「ワタクシ」「ワレ」等とともに一人称（自称）の一つに数えられ、表記に「俺」や「己」の文字を用いるが、古く上代から中古の時代には、相手を低く見ていう二人称（対称）の意味を表す語であって、漢字では「爾」「儞」が表記に用いられた。その後、中世以降に、一人称にも使われて男女貴賤に関わらずに用いられたが、用例的には相手が同等あるいは目下の時に用いられたものが多いという。近世以降の時代に一人称が一般化し、その後半期に女性の使用は絶えたという。今日では男が用いるようであるが、その表記に使われる「俺」は、『説文解字』に「俺は、大なり。人に従《したが》ふ奄の声。」とあり、大きい意味を表したことが分かる。また、宋の『集韻』に「俺は、我なり。北人　我を称して俺と曰《い》ふ。」とあり、一人称の意味が確認できる。中国中世・近世には一人称として用いられたことも知られる。

また、「ワレ（我・吾）」は、一人称（自称）を表すが、中世以降、身分の低い者や目下の者に対する二人称（対称）としても用いられた。漢字表記に用いられる「我」は、刃がギザギザになった戈《ほこ》を描いた象形文字である。「ワレ」の意を表すのは、その昔、字音が同類の「我《ガ》」字を借りた仮借《かしや》の用法によるものである。[19]

「私」はもちろん「俺」「我」といった一人称の漢字を科学する、といった日本語の人称名詞と漢字にまつわる言語の歴史的空間を散策することは、ことばがまさに生き物であることを知らしめてくれることになり、現代日本語の意味的世界の変化などにもリンクした広域的な観察考察への展開も大いに考え得るであろう。

他方、削減字種には「勺」と「匁」という度量衡の文字が含まれる。いずれも今日の社会で使用されることの激減したことが削減の主要因であり、時宜を得た選択であると異論無く了解する向きが大方かも知れない。因みに、「匁」は、一貫の千分の一で、三・七五グラム。「勺」は、日本では一升の百分の一・一合の十分の一で、一八ミリリットル。

度量衡は、「度」が長さ、「量」がかさ・容積・体積、「衡」が目方・質量のことであり、同時にそれを計る道具、「度」が物差し、「量」が枡、「衡」が秤《はかり》をも指す。いわゆる「尺貫法」は、「尺」を長さの単位、「貫」を質量の単位、「升」を体積の単位とする日本古来の度量衡にほかならない。明治維新を迎えて、一八八五（明治十八）年に国際的なメートル条約に加盟し、一八九一（明治二十四）年に度量衡法を制定して、メートル原器・キログラム原器に基づいて尺・坪・升・貫の単位を定義して、メートル法による計量をも認めた。[20]尺貫法とメートル法の併用は、六十五年を経た一九五八（昭和三十三）年をもって尺貫法が廃止されて、メートル法の全面実施によって一元化された。今日では、ＭＫＳＡ（メートル・キログラム・秒・アンペア）単位系が一般的に使用されて、「尺貫法」はいわば公式には使われないものの、実生活においては「尺・寸・坪・升・合・貫」といった代表的な単位は死せず、現在にいたっても使用される機会が少なくない上に、これらの漢字はいずれも「常用漢字表」の字種に入っている。「尺」に一例を取ろう。「間尺《ま》に合わない」は、割に合わないこと、損になることをいうが、「間尺」は大工用語で、寸法を指す。日本の尺貫法では、一尺は三〇・三センチメートル。一間《けん》は六尺で、約百八十センチメートルを指す。もともと「尺」は、親指と残りの四本の指の間の股を広げて、長さを測るさまを描いた象形文字。その手尺の一幅の長さである「一尺」は、古く中国では二三センチメートル余りで、その長さは左右の手指十本の幅に相当する。したがって、「一寸」は手指一本の幅となり、二センチメートル余り。手指十本の幅である「十寸」が「一尺」となる。因みに、こうした長さの単位は、身体の部位を用いた計測に由来するものが多い。

熟語の「方寸」は、一寸四方の意で、心臓、引いては心を意味する。「方寸乱る」は、心中が乱れること。「寸心」もまた心を意味する。「寸鉄」は、一寸の小さな刃物、小さな武器をいう。南宋の羅大経『鶴林玉露』に出典する「寸鉄　人を殺す」は、寸鉄のごとき短く鋭い言葉で、人の急所を突くことを意味する。日本では「寸鉄　人を刺す」と熟する。「一寸先は闇」の「一寸」は、目と鼻の先のごく短い距離をいう。一寸は、日本では約三センチメートル。昔話の「一寸法師」はその身の丈に基づく命名になる。

「裸一貫」は、自分のからだのほかには何もないこと、無一物から身を起こす意味で使われるが、その「一貫」は、生まれた子供の目方をいったもので、それだけの身体が備わっていれば健康に育って人並みに暮らしていけることをいったものである。四貫＝十五キログラムで、一貫＝三・七五キログラム。その出生体重は、今日の平均的出生体重に比べるとかなり重いようにも思われるが、その当時にあっての平均的な体重であったと見ることができる。現代日本では、低出生体重児の出生数が上昇している昨今、出生体重と発達障害あるいは生活習慣病との関連性等や、先端医学のエピジェネティクスの観点からも指摘がなされている。[21] 保健体育の教材への糸口ともなり得る重要な話題でもあろう。

我々の日常生活の中に息づいている漢字・漢語・漢文とどう向きあっていくか。それらとのつきあいは、決して教学の場のみで深められるものでは無い。習得した「知」を活かして、新たに遭遇した事象に立ち向かっていく。むしろ生活に根差したところで「知」を試し、大いに「知」を育むべきではないか。ワープロで文章を書くとき、変換ミスはやむを得なかろうが、文字選択の間違いによる誤記は防がなければならない。なくて、一つの意味を考えた入力が不可欠であろう。漢字、漢語、そして漢文と近しくなることが、一つの思考の世界を飛躍させるのではないかと考える。試行錯誤は常のことである。如上の提起が「抛磚引玉（磚を抛《な》げて玉を引く）」の一助となれば幸いである。

【注】

（1）『朝日新聞』二〇〇八年八月二十六日朝刊「私の視点」欄。

（2）遠藤邦基「字体分析の言語遊戯—漢字の合字・分字を中心に—」（国語文字史研究会『国語文字史の研究』七所収、二〇〇三年十一月、和泉書院刊）に、文屋康秀・紀友則の詠作に対する歌学書・古注釈のとらえ方に言及する。

（3）狭間直樹「「民主」とデモクラシー」（『京大広報』六一九号、二〇〇七年一月）に、中国近代の文献に出現する「民主」の語の意味理解に関する指摘が見える。

（4）詔勅の全文は、第八十回の宋江たちを前にして開読する部分に出る。

（5）新『小学校学習指導要領』第2章「各教科」第1節「国語」第2「各学年の目標及び内容」〔第1学年及び第2学年〕2「内容」の〔伝統的な言語文化と国語の特徴に関する事項〕（1）イ「言葉の特徴やきまりに関する事項」（オ）に「句読点の打ち方や、かぎ（「　」）の使い方を理解して文章の中で使うこと。」、〔第3学年及び第4学年〕には、同じく（エ）に「句読点を適切に打ち、また、段落の始め、会話の部分などの必要な箇所は行を改めて書くこと。」とある。

（6）湯浅廉孫『初学漢文解釈ニ於ケル連文ノ利用』（一九四一年十一月、文求堂書店刊）、同『漢文解釈における連文の利用』（一九八〇年十一月、朋友書店刊）の中でその主張がなされる。

（7）『漢字講座』第十一巻「漢字と国語問題」（平成元年六月、明治書院刊）所収。

（8）野村敏夫『国語政策の戦後史』（二〇〇六年十一月、大修館書店刊）序章「日本語の歩みと国語政策」二「前史―明治から戦中までの国語政策概観―」、第一章「戦後の国語政策」一「戦後国語改革の出発」・二「〝当用漢字表体制〟の確立」の検証に依る。

（9）『第一文字之教』『第二文字之教』『文字之教附録　手紙之文』の和綴三冊本から成る。慶応義塾大学図書館デジタルギャラリー福沢関係文書（マイクロフィルム版）による。

（10）当時イギリスに留学中だった馬場辰猪が、一八七三年出版の『ELEMENTARY GRAMMAR OF THE JAPANESE LANGUAGE WITH EASY PROGRESSIVE EXERCISES』（日本語文典）の序文で、森の国語英語化論に反駁を加えている。中須賀徳行「母語コンプレックスと言語分裂国家・馬場辰猪の森有礼に対する反論に寄せて」（『岐阜大学留学生センター紀要』No. 2001、二〇〇二年三月）、山井徳行「国語外国語化論の再考I―森有礼の「国語英語化論」と志賀直哉の「国語フランス語化論」について―」（『名古屋女子大学紀要』第五十号（人文・社会編、二〇〇四年三月）に言及される。

（11）二十九歳で東大助手から調査スタッフに選ばれた柴田武は、漢字テストを作成し、サンプル選びは林知己夫《ちきお》が任された。暗に結果の改竄をほのめかすGHQのジョン・ペルゼルに、柴田はねじ曲げを断ったと回想する。『朝日新聞』二〇〇八年十二月五日夕刊「曲げぬ数字　漢字救った」（「ニッポン人脈記」「民の心を測る⑥」）参照。サンプリングに携わった高倉節子「「日本人の読み書き能力調査」のことなど」（『日本世論調査協会報』第百一号、二〇〇八年三月刊）には、調査の精度を保つサンプル数一七一〇〇人を確保すべく、欠席率を考慮して二一〇〇八という数を得たことを記す。中田祝夫は前掲論考で「表意文字の漢字と、それを補う表音文字の仮名の利点、その仮名が表意文字の右側に振仮名として記入されるといった利点に初めて連合軍や使節団も気が付きはじめたというのが真相ではないか。」との見方を示す。

（12）I「基本的な考え方」の1「情報化社会の進展と漢字政策の在り方」は、（1）「改定常用漢字表作成の経緯」、（2）「国語施策としての漢字表の必要性」、（3）「JIS漢字と、国語施策としての漢字表」、（4）「漢字を手書きすることの重要性」、（5）「名付けに用いる漢字」、（6）「固有名詞における字体についての考え方」から構成される。2「改定常用漢字表の性格」は（1）「基本的な性格」、（2）「固有名詞に用いられる漢字の扱い」、3「字種・音訓の選定について」は（1）「字種選定の考え方・選定の手順」、（2）「字種選定における判断の観点と検討の結果」、（3）「字種選定に伴って検討したその他の問題」、（4）「音訓の選定」、4「追加字種の字体について」は（1）「字体・書体・字形について」、（2）「追加字種における字体の考え方」、（3）「手書き字形に対する手当て等」、5「その他関連事項」は（1）「漢字政策の定期的な見直し」、（2）「学校教育における漢字指導」、（3）「国語の表記に関わる基準等」からそれぞれ構成される。

(13)『小学校学習指導要領』（平成二十年三月）第2節「国語科の内容」2「各領域及び〔伝統的な言語文化と国語の特質に関する事項〕の内容」（4）「〔伝統的な言語文化と国語の特質に関する事項〕」の「漢字の読み書きや使い方などに関する事項」より摘記。『小学校学習指導要領解説 国語編』（平成二十年八月）3「国語科改訂の要点」（7）「文字指導の内容の改善」には、「漢字の指導については、日常生活や他教科等の学習における使用や、読書活動の充実に資することを重視して改善を図っている。読みの指導では、これまでどおり学年別漢字配当表に配当されている漢字を当該学年で指導することとするが、上の学年に配当されている漢字や学年別漢字配当表以外の常用漢字についても、必要に応じて振り仮名を用いるなどして児童が読む機会を多くもつようにする。また、書きの指導では、これまでどおり次の学年までに定着を図るようにするが、当該学年においても漸次書き、文や文章の中で使うようにしている。それは、日常生活において確実に使えることを重視し、実際に文章を書く中で繰り返し学習させるなど、児童の習得の実態に応じた指導を充実するためである。」と要点を説明する。

(14)『中学校学習指導要領』（平成二十年三月）第2章「各教科」第1節「国語」第2「各学年の目標及び内容」〔第1学年〕・〔第2学年〕・〔第3学年〕の2「内容」〔伝統的な言語文化と国語の特質に関する事項〕（1）ウ「漢字に関する事項」より摘記。『中学校学習指導要領解説 国語編』3「国語科改訂の要点」（7）「漢字指導の内容の改善」には、「漢字の指導については、これまで第3学年の指導事項であった「学年別漢字配当表に示されている漢字を書き、文や文章の中で使うこと。」を第2学年の指導事項に移し、新しく第3学年の指導事項として「学年別漢字配当表に示されている漢字について、文や文章の中で使い慣れること。」を設定している。第3学年では、第2学年までに書けるようになった漢字について、文や文章の中で、多様な語句の形で、また、様々な文脈の中で使うことができるよう指導することを求めている。」と要点を説明する。

(15)『高等学校学習指導要領』〔平成二十一年三月〕第2章第1節「国語」第2款第1「国語総合」2「内容」の〔伝統的な言語文化と国語の特質に関する事項〕ウ「漢字に関する事項」より摘記。

(16)『高等学校学習指導要領解説 国語編』〔平成二十二年六月〕の第2章「国語科の各科目」第1節「国語総合」3「内容」〔伝統的な言語文化と国語の特質に関する事項〕(1)ウ「漢字に関する事項」(ア)「常用漢字の読み書きについての事項」より摘記。

(17)一九八一年三月二十三日国語審議会答申「常用漢字表」前文に、「常用漢字表は、その性格で述べたとおり、一般の社会生活における漢字使用の目安として作成したものであるが、学校教育においては、常用漢字表の趣旨、内容を考慮して漢字の教育が適切に行われることが望ましい。なお、義務教育期間における漢字の指導については、常用漢字表に掲げる漢字のすべてを対象としなければならないものではなく、その扱いについては、従来の漢字の教育の経緯を踏まえ、かつ、児童生徒の発達段階等に十分配慮した、別途の教育上の適切な措置にゆだねることとする。」とある。

(18)『読売新聞』二〇一〇年九月八日朝刊に、「新常用漢字表、小学校では教えず……中学校で「読み」」の見出しで、「専門家会議では、〈1〉小学校は新指導要領が来年度から完全実施される〈2〉来春から使用される教科書が検定を終えている――などを理由に、当面は見直しを行わない方針を確認。その上で、新漢字196字の読みについては、中学の各学年に割り振ることとした。」と報じた。

(19)「オレ」「ワレ」に関しては、『日本国語大辞典』等を参照した。

(20)メートル法の導入に伴って、「米《メートル》・瓦《グラム》・立《リットル》」のように既存の漢字を新たな単位に当てた。「米」は「米突」、「立」は「立脱耳」や「立突」の漢字による音訳語による。「瓦」は日本の音訳「瓦蘭姆」による。また、単位を補助する「粁粨籵糎粍」・「瓩瓸瓧瓰甅瓱」・「竏竡竍竕竰竓」といった漢字が作られたことも知られる。

(21)『「食」と発達、そして健康を考える』〔坂爪一幸編著、二〇〇九年三月、学文社刊「早稲田教育ブックレット」No.4〕には、近年発達に障害のある子どもが増加している問題について、低出生体重児の増加に注目し、胎内での低栄養状態が出生後、成長後の発達や健康上のリスクを高めるという危険性を指摘している。

第二部　小学校・中学校・高等学校・大学の実践指導から

第一章

小学校の漢字学習から見えてくるもの

山本由紀子

一、はじめに

小学校で、児童に（自分は勉強ができる・できない）と最初に意識付けてしまうのは、漢字の学習ではないだろうか。漢字は、小学校の第一学年から六年間で一〇〇六文字習得するように学習指導要領で各学年に配当されている。学校では全学年の全時期を通じて日常的に新しい漢字を教わることになる。かけ算九九のように覚える範囲が限定されているわけではないから、新出漢字が登場する度に短時間で覚えることができないと、常に挫折感を味わわなくてはならなくなる。

もちろん、漢字＝「勉強」ではない。だが、小学校の第一学年で見れば、学習する教科は、国語・算数・生活・音楽・図画工作・体育の六教科であり、ペーパーテストがあるのは国語と算数だけである。得点評価される教科が少ない中で、漢字は小テスト等が繰り返し行われる。漢字を学習する度に習得率を突きつけられてしまうのである。

その上、小学校で国語の授業時間の占める割合は非常に大きい。学校教育法施行規則に定める小学校第一学年の標準授業時数は八五〇時間あるが、そのうち国語が三〇六時間と全教科中で最も多い。次に多い算数は一三六時間であるから、第一学年の学習の中で国語の占める割合は群を抜いている。つまり国語の時間において挫折感を味わい続ける状態があれば、その影響も大きいと思われるのである。

漢字の学習によって意識付けられた自己認識は、恐らく学習意欲にもつながっていくだろう。(自分はできない)と自己肯定感をもつことのできなかった児童が学習意欲を低下させ、ますます学びから遠ざかってしまうことも危ぶまれる。

漢字の読み書きの力をつけることは、将来的にも必要なものではあることは間違いないが、学びの導入期として見ると、小学校における漢字の指導研究は、とても重要な意味をもつものではないかと思われる。

ここでは、小学校の漢字の初期指導がどのように進められ、どのような改善の視点をもつものかを取り上げたい。

二、漢字学習の導入期、小学校第一学年の国語の学習内容

小学校第一学年で学習する文字は、ひらがな四六文字・カタカナ四六文字、漢字八〇文字である。そこに長音、拗音、促音、撥音の学習、算数で数字一〇文字の学習が加わる。

文章の学習では、句読点、助詞「は」「へ」「を」、かぎ括弧の学習など、文章理解の基礎となる学習内容で占められている。

小学校に入学したばかりの段階では、文字を学習する以前に、まずはえんぴつの持ち方の学習が行われる。正しい持ち方の練習、直線や曲線を書く練習をして運筆に慣れさせる。それからひらがなを一文字一文字、時間をかけ

て練習していくのである。この段階では、学習習慣をつけるという目的もあるため、ゆっくりと指導が進められる。ほとんどの児童が達成感が得られる学習速度であり、学校生活の導入段階として見ても、楽しみながら学ぶことに重点がおかれている。

第一学年の一学期では、まずじっくりと時間をかけて学ぶ姿勢を培う。机について一定時間を過ごすことも、教師の指示を集団の中で聞き取ることも、学校生活の基本となるものだからである。昨今の「小一プロブレム」と呼ばれる現象は、そのような学ぶ姿勢が定着せず、学校生活に順応できない状態である。この時期、学ぶ姿勢を培うことは、何よりも優先されることなのである。

若干学習速度を増すのは二学期以降である。二学期には、学校生活の基本も定着し、授業での約束事も浸透している頃である。その時期に、漢字の学習が始まるのである。

三、教科書における漢字の登場の仕方

小学校第一学年の二学期に漢字の学習が始まるのが一般的だが、教科書ではどのように漢字が登場するだろうか。平成二三年度版の教科書見本から比較してみた。

○『こくご一上　かざぐるま』光村図書
　九十二頁　単元名「ゆうだち」
内容　〝くさはらにいた　うさぎのこは、おおいそぎで、木のしたに　かけこみました。〟
　　〝うさぎのこは、あわてて　口を　おさえました。〟…

○『しょうがく　こくご　一上　ひろがることば』教育出版
九十二頁　単元名「けんかした山」
内容　〝たかい山が、ならんでたっていました。〟
〝お日さまがいいました。〟…
〝一、二、三ねん　たちました。〟
○『しょうがくせいのこくご　一年上』三省堂
八十八頁　単元名「かんじのはじまり」
内容　〝日／火　これは　かんじです。このふたつの　かんじは、みたままの　かたちを　もとにして、つくられました。どちらも「ひ」とよみますが、べつのものを　あらわしています。〟
○『あたらしい　こくご　一上』東京書籍
九十四頁　単元名「かぞえうた」
内容　〝一つ　ひるねの　くじらが　一とう〟
〝二つ　ふかふか　ざぶとん　二まい〟
○『みんなとまなぶ　しょうがっこう　こくご　一ねん上』学校図書
七十八頁　単元名「かんじでかきましょう」
内容　〝かずのかんじ　一　二　三　四　五　六　七　八　九　十〟
〝よんでみましょう　一月　二月…〟

以上、五社の教科書を比較すると、光村図書、教育出版では、物語文に漢字を交えて登場させており、三省堂では、漢字そのものの説明文から始めている。東京書籍、学校図書では、漢数字を扱う数え歌、漢数字そのものを唱える練習から漢字の学習に入っている。

初めて学習する漢字の種類は、光村図書、教育出版、三省堂は象形文字を扱い、東京書籍、学校図書は指事文字を扱っている。象形文字を扱う三社は違う文字を扱っている。画数も、一画、三画、四画と、違いがある。

登場時期で比較すると、学校図書が他社に比べて十頁以上早く登場するが、上巻の後期に登場する点で、ほぼどの出版社も似た時期となっている。

漢字の導入期は、三つの登場の仕方に分けることができる。なお、特徴から「物語文混在型」「説明集中型」「生活体験想起型」とした。

○物語文混在型

読み物資料の中に入れ、どのような意味で使われているか、文章の中で理解させるものである。物語文は、暗唱する機会も多いので、意味をもつ使い方としての習得が進みやすいと思われる。

○説明集中型

漢字そのものの説明から入り、漢字に興味・関心をもたせることで、集中的に漢字自体を学ぶ単元から始まるものである。余計な情報が入らないので、シンプルに理解しやすく、漢字学習が発展しやすいかと思われる。

○生活体験想起型

漢数字を唱えることから始めるものである。数字は、数え歌や数詞など、入学前の幼児期から口伝遊びや生活体験の中で繰り返し唱えてきているので、日常を想起することにつながるであろう。身近な題材が多く、生活体験に結びつきやすいと思われる。

教科書で見る限り、何の漢字からどのように学習を始めると効果的かという漢字の導入期における指導法は、時期以外はいまだ確立されていないと思われる。

ただし、漢字のでき方についての説明文は、順は違うが、似たような形で各社に登場する。

光村図書は、物語文の後に、

「木」というかんじは　「き」のすがたから　できました

と、漢字の説明が続く。そして、

「木」というかんじを　つかって　かきます。

と、木を使った文例をあげるのである。

教育出版でも、物語文の後に九十八頁で、

かんじはどのようにしてできたのでしょう。「山」は「やま」の　かたちから　できた　かんじです。

と説明が続く。

東京書籍は、百二頁に「かんじのはなし」が登場する。

山というかんじは　やまのかたちから　できました。

とある。

学校図書は、九十八頁で「ことばのいずみ」という小単元に「かんじのできかた」が入る。

1　もののかたちから　たかい山　山のぼり　「山」のかんじは、　やまのかたちから　できました。

とある。

漢字の説明は象形文字で行い、指事文字へと発展させている。だが、その後の新出漢字の登場の仕方は、物語文混在型が多い。説明集中型は、時折、単元と単元との間の小単元として短く扱われるにとどまる。

漢字の導入期は、現段階では十分検証され尽くしたとは言い難い。一事例に止まるが、漢字を系統立てて指導することで漢字の習得は進むのではないかと仮説を立て、一年生の漢字の指導順序を物語文混在型から離れて組み直す試みをしたことがある。

物語文での登場順に漢字を学習すると、まだ部首なども学習していない時期の児童にとっては、個々の様々な形を覚えなくてはならないように見える。漢字に共通点を見つけて頭の中で関連させるのは、学習したばかりの段階では難しい作業である。次々と登場する漢字に苦手意識をもつと、学習そのものに抵抗感や負担感を感じてしまう。だから、もう少し分類・整理して学習を進めることで、覚えやすくすることができるのではないかと考えたのである。

実際には、対になる漢字や使用場面が同じ漢字、似たような形の漢字などは、まとめて教えることにした。漢字の意味付けがしやすく教えやすいことと、児童の漢字の習得が良かったのは大きなメリットであった。

漢字同士を関連させて覚える方法は、漢字のイメージ化を助けるので暗記はしやすくなる。物語文の中で登場した順では、一つ一つの漢字の共通点がなく、散漫な印象があるため、暗記はしにくい。だから、物語文混在型から離れて指導順序を変えるのは、効率のいい指導ではないかと思われる。

ただし、単なる丸暗記ではなく、使える漢字にしていくためには、やはり文の中での使用方法を具体的に提示することも不可欠である。その点では、物語文の中で意味をもたせた使用方法を学ぶ従来の方法には無理がない。

この実践では、物語文の学習進度にも影響させないように漢字の指導をしたため、どうしても学習する漢字が前倒しになってしまい、慌ただしさが出てしまった。市販のテストを使うことができなくなるなど、そういう点でもデメリットだった。

実践から、今後、漢字指導には、覚えやすさという観点から指導順序を組み直すことも必要ではないかと思われたが、漢字の効果的な指導方法の確立にはまだ模索途中である。

四、漢字の学習方略について

「漢字を覚えるのが得意」だという児童に、「漢字が得意になった理由」を聞くと、まずは予想通り、「毎日少しずつ漢字の練習をしたから」といったコツコツと練習することをあげた児童が多かった。後は、「本を読む」「四字熟語辞典のような漢字の本を読む」と、これも昔ながらの取り組み方である。後は、今時のメディアによる影響をあげた児童も少なくなかった。「クイズ番組で漢字の問題を解く」「携帯型コンピュータゲームの漢字問題ソフトで遊ぶ」というものである。漢字のゲームソフトを学級児童の三分の一が持つことも分かり、漢字との向き合い方に大きな変化があった。漢字は遊びにもなるということをそのような経験の中で知っているのである。ゲームやクイズのようなもので学習するには限界があるが、学習に活かすヒントも隠されているだろう。

「苦手だという友達にアドバイスをするとしたら何と言うか」と尋ねた。苦手だとする児童は、「とにかくいっぱいあって覚えられない」と訴える。これに対しては、やはり「繰り返し書く」という内容のアドバイスが多かった。学校教育で行われる漢字の学習の指導方法も「繰り返し書く」ことが重要視されているのだが、漢字を苦手とする児童には、それだけの指導では十分ではないだろう。

二〇〇八年に、児童にどのような方略が使われており、どのような方略に効果があるのか、調査を行った。

調査対象は公立小学生五年生六クラス二二〇名、六年生六クラス一六二名の合計三八二名。回収率は八一%である。調査時期は二月上旬。調査時間は約一五分。調査はクラス毎に集団で教室において「個人・学級・学校を特定しない無記名の調査であること、成績には参入されないこと」を伝え、クラス担任が実施した。

小学校五・六年生では、漢字の様々な学習方法を一通り学んできており、自身の漢字の学習スタイルがある程度できあがっていると思われる。

調査は二四項目の学習方略について「あなたは漢字を練習するとき、どのようにしていますか。」という教示文に対し、「1．ほとんどしない」「2．あまりしない」「3．ときどきする」「4．いつもする」の4件法による評定を求めた。

漢字の習得程度を見るために、平仮名の文章を提示し、漢字に書き直せるところに線を引いて直す問題を出題した。全部を直すと、一七語、二六文字となる。そのうち、二語、二文字は小学校学習指導要領の学年別漢字配当表で配当された漢字ではないため、小学校学習指導要領の一五語を満点として計算した。

学習方略についての質問二四項目を主因子法バリマックス回転の因子分析を行い、固有値一・〇以上の五因子が抽出された。第一因子は、漢字そのものの形を覚えるための方略を用いているので、「精緻化方略」とした。第二因子は、繰り返し書写のように作業をするものなので「リハーサル方略」とした。第三因子は、学習した漢字から使い方を広げていくものなので「体制化方略」とした。第四因子は、教室の指導場面で画数を唱えながら空書きをしたり、線の長さを表すときに「イーチ」と声を伸ばしながら指導したりする場面が多いことから「聴覚方略」とした。ただし、聴覚は漢字の学習としては特異的なためか、聴覚に限らない概念も入っている。むしろ、声に出したり、体を使ったりして学ぶ方略は、低学年の教室での漢字の学習の仕方としてとらえると合致する。第五因子は、漢字をよく見ることに重点があることから「視覚方略」とした。

以上の五因子は、漢字の学習に限定した内容で、児童が自分の学習方略をどのように認知しているかということを示すものである。

成績と「リハーサル方略」と「体制化方略」に相関が見られたのだが、個別には「文字を書くときに習った文字

資料　学習方略の因子分析結果表

項目内容	1	2	3	4	5	M	SD	n
精緻化方略						1.99	0.63	337
フラッシュカードをめくる。	0.66	0.01	-0.06	-0.12	0.04	1.43	0.76	329
漢字の書き方を歌にする。	0.60	-0.10	-0.11	0.10	-0.05	2.69	1.06	335
1ヶ月以内に、くりかえして練習する。	0.54	0.31	-0.13	0.15	-0.16	1.84	0.98	335
漢字の成り立ちを調べる。	0.52	-0.02	0.36	-0.07	0.03	1.85	0.92	335
覚え方を考える。(ハ＋ム＝公のように)	0.48	-0.19	0.17	0.09	0.08	2.19	1.10	332
学校の勉強や宿題以外にも練習する。	0.45	0.40	-0.06	0.08	-0.15	2.36	1.16	335
へんやつくりを見て何のなかまか考える。	0.35	-0.06	0.33	0.19	0.00	2.12	1.04	334
似ている漢字を思い出す。	0.34	0.13	0.15	-0.18	0.23	2.83	1.03	336
リハーサル方略						2.85	0.76	337
文を書くときに習った字を使うようにする。	-0.09	0.70	0.26	-0.25	0.08	3.11	0.98	334
書き順を正しく覚える。	0.03	0.70	-0.03	0.09	-0.07	2.74	1.06	336
とめ・はね・はらいを気をつけて丁寧に書く。	-0.19	0.56	-0.04	0.27	0.13	2.88	1.02	334
くりかえし書く。	-0.07	0.51	0.10	0.02	0.23	2.84	0.99	335
漢字の意味に注意する。	0.16	0.42	0.19	0.02	0.03	2.69	1.06	335
体制化方略						2.23	0.86	337
熟語などを調べる。	-0.17	0.06	0.86	0.21	-0.18	2.13	1.04	335
漢字を使った短文をつくる。	0.04	0.10	0.55	-0.04	-0.04	2.06	1.09	332
辞書を調べる。	0.06	0.15	0.39	0.17	-0.03	2.50	1.15	335
聴覚方略						2.30	0.77	337
空書き(鉛筆を持たず、指で書く)をする。	0.02	0.00	0.08	0.51	0.07	2.11	1.13	336
画数を唱える。	-0.03	-0.08	0.33	0.42	0.12	2.11	1.10	337
線の長さを手本と同じようにする。	0.12	0.30	-0.09	0.40	0.07	2.20	1.04	334
声を出したり、口を動かしたりしながら書く。	0.21	-0.05	0.07	0.35	0.14	2.17	1.10	334
途中から手本を見ないようにして書く。	-0.07	0.28	0.12	0.29	0.05	2.89	1.12	335
視覚方略						2.53	0.80	337
手本をじっくり見る。	-0.02	0.03	-0.13	0.16	0.71	2.64	0.99	337
手本を見ながら書く。	-0.05	0.08	-0.10	0.09	0.67	2.81	1.05	334
漢字表をながめる。	0.34	-0.02	-0.03	0.02	0.38	2.15	1.03	330
α係数	0.80	0.80	0.68	0.73	0.67			

を使う」「漢字の意味に注意する」「書き順を正しく覚える」「熟語を調べる」「繰り返し書く」「途中から手本を見ないで書く」に正の相関が見られた。繰り返し書く学習方法が一番相応しいものに見えても、それだけではなく、他の方略の視点を合わせることで、より効果を得られるのではないだろうか。これらの学習方略は、指導方法を再考する手掛かりになると思われる。

五、おわりに

小学校の漢字の学習における挫折感は、自己肯定感や学習意欲といったものに負の影響をもたらしてしまうかもしれない。だが、逆の視点から見れば、漢字の学習によってそれらのものに正の影響をもたらし、自己肯定感や学習意欲を高める可能性も生み出せるということである。漢字の場合は、既習の学習を基に系統性をもって発展していく要素がほとんどない。また、全学年の全期間を通じて漢字の学習が行われていることから、苦手意識をもつ者でも、それを払拭することができれば、どの段階からでも常に挽回のチャンスがあると言える。だから、どの教科、学習内容よりも、その研究の成果は大きいのではないかと思うのである。今後は、様々な取り組みを参考にしながら、まだ確立していない漢字の初期指導の検証や、より有効な学習方略の模索をしていきたい。

【参考文献】

鹿児島県総合教育センター「漢字の読み書きにつまずきのある児童生徒への指導・支援Ⅰ」(『指導資料　特別支援教育』第一五七号(通巻第一六六三号)、二〇一〇年四月刊)
手島勝朗『算数教育の論争に学ぶ』(「授業への挑戦」三十四)、一九八八年六月、明治図書刊
堀野緑　市川伸一「高校生の英語学習における学習動機と学習方略」(日本教育心理学会『教育心理学研究』第四十五巻

第二号、一九九七年六月刊)
岡田いずみ「学習方略の教授と学習意欲—高校生を対象にした英単語学習において—」(日本教育心理学会『教育心理学研究』第五十五巻第二号、二〇〇七年六月刊)
吉田典史・戸田弘二「小学生の学習方略と原因帰属及び学習意欲との関連」(『北海道教育大学紀要(教育科学編)』第五十四巻第二号、二〇〇四年二月刊)
『こくご一上　かざぐるま』光村図書、二〇一〇年
『しょうがく　こくご　一上　ひろがることば』教育出版、二〇一〇年
『しょうがくせいのこくご　一年上』三省堂、二〇一〇年
『あたらしい　こくご　一上』東京書籍、二〇一〇年
『みんなとまなぶ　しょうがっこう　こくご　一ねん上』学校図書、二〇一〇年

第二章

日中漢字指導法の比較研究
——形声文字指導を中心に——

李　軍

一、はじめに

中国に生まれた漢字は日本に伝来し、様々に変容しながら定着していった。その結果、日本と中国の漢字には、字形、字音、字義（いわゆる「形・音・義」）に多様な違いが認められる。しかし、日本においても中国においても、漢字の大半を占める形声文字の指導が漢字指導の重点として認識され、形声文字に対する興味・関心を抱かせ、形声文字の構成上の規則性を身につけさせるような漢字指導が追求されてきた。

本稿では、まず、日本の小中学校国語科教科書や教師用指導書などを通して日本における形声文字指導の現状とその特徴を捉える。併せて中国における「字族文」指導法を紹介し、日中漢字指導法の相違点と問題点を明らかにする。そして、それらを踏まえたうえで、今後日本の漢字指導のあり方について検討する。

二、日本における形声文字の指導—漢字グループ学習

日本では形声文字は「表音表示部分（音符または声符）[1]」と「意味表示部分（意符または義符）」からなると解釈されており、同じ音符を持つ漢字群を一つのまとまりとして指導することが多い。本節では、日本の国語科教科書や教師用指導書における形声文字の指導を紹介しつつ、教育現場における形声文字の指導状況を見てみる。

㈠ 小学校国語科教科書と教師用指導書における形声文字指導

小学校低学年では、概ねひらがな、カタカナ、漢字という順で文字を指導していく。ほとんどの教科書が、例えば「山」「水」「人」のような絵図で説明しやすい象形文字から漢字指導を開始している。形声文字の指導は漢字の成り立ち、漢字のでき方などを紹介するコラムの中に配置されることが多い。ここでは、『みんなと学ぶ　小学校国語　三年下』（学校図書　二〇〇七）における形声文字の指導内容を例にとり、以下に紹介する。

「言葉のいずみ1」

❖　漢字のでき方

1　これまでに習った漢字のでき方

ア　物の形からできたもの。例…木、魚。

イ　形のないものを記号で表すもの。例…中、本。

ウ　二つの漢字の意味を合わせたもの。例…集、取、岩。

2　意味と音を組み合わせた漢字

晴 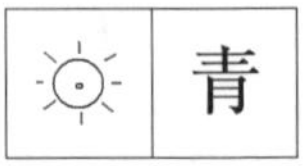

↓ 晴《セイ》　セイと読んで、「は―れ」。

花 

↓ 花《カ》　カと読んで、「はな」。

板　反＋↓ 板《ハン》　ハンと読んで、「いた」。

このように、教科書では、形声文字を説明する時に、意味を表す部分を絵図にし、音を表す部分を漢字で表し、「意符」と「音符」の区別を説明している。この学習材の設定意図について、同書の『教師用指導書　解説編』（学校図書　二〇〇五）では、次のように記されている。

一、二年のころの漢字は、身近な具体的なものを表し、多くは視覚的で、漢字そのものが児童の興味を引きつけてきた。

しかし、ここで学習する形声文字は、理づめで作られている文字であり、その理屈を、どう興味を持って学ぶかが、児童にとっての漢字学習の分岐点となる。その理屈を理解し、新たに興味を持った児童は、ますます漢字学習への意欲を増す。反面、理解が不十分な場合、漢字は難しいものと感じ、意欲をなくす。形声文字は漢字全体の八〇パーセント近くを占めているので、以後への影響は大きい。

（傍線は引用者）

この記述からも、形声文字を指導する際に、形声文字の構成上の規則性を理解させ、学習者に興味・関心を持たせることが漢字学習のポイントであると示唆している。では、この目標に基づき、どのように授業を展開できるのか。同指導書に提示されている形声文字授業の展開例を以下に紹介する。

第二時の目標	意味と音を組み合わせた漢字があることを知り、漢字のでき方や組み合わせ方について理解・整理することができる。
指導の要点・評価	1　形声文字を二つの部分に分けて色分けしたり、絵と音を表す漢字に分けたりして、意味と音を組み合わせた漢字であることを確認させる。 ●音を表す漢字は、単に音のみでなく、その漢字の意味が加わって、新たな意味を作っていることもおさえさせる。 〈例〉花は「草が化けた（化＝カ）もの」 2　会意文字も二つの部分に分けられるため、形声文字との区別がしにくい児童もいるので、音の部分を見つけ、それがあれば形声文字であることをおさえさせる。 ・意味と音を組み合わせたことを理解させるために、漢字のへんやつくり、かんむりとあしなどの部分をそれぞれ切り離せるようにしたり、色分けしたりしておく。 ●形声文字には、当然、音があるが、訓読みもできるので、読み方の指導をするときには、例にあるように、「板」を「ハンと読んで『いた』」というように言えるようにさせる。（以下略） （傍線は引用者）

この展開例では、主に「形声文字の二つの構成部分」「形声文字の音符の表意性」「形声文字の訓読み」という三つの指導事項を盛り込んでいる。興味・関心を持たせるために、絵図や色分けなどビジュアルな要素を取り入れて

いる。
ここで、傍線の箇所に注目されたい。事項1では、音符は音だけでなく意味を表示する役割もあると書かれている。言い換えれば、形声文字の音符は意味を表す場合もあるため、会意文字の特質を持つ可能性があるということになる。しかし、事項2では、会意文字と形声文字を識別させるために、音符があるかどうかをおさえさせる必要があるとされており、形声文字と会意文字が合体されてできた会意兼形声文字を理解する際に混乱を起こしかねない。会意兼形声文字は数多く存在しているため、音符があるかどうかを確認させるだけでは、形声文字に対する理解としては不十分であろう。
この点に関して、藤堂明保（一九八六）は、形声と会意の両方の特質を持ち合わせている漢字群を「単語家族」と名付け、その概念について、次のように説明している。

包は、子宮内膜が胎児をすっぽりと外からつつんだ姿を描いた字で、（中略）この仲間はじつに多い。
肉づき＋包＝胞（子宮につつまれた腹子）・さん水＋包＝泡（空気をつつんだ水中のアワ）・手へん＋包＝抱（外からつつむように手でだく）・衣へん＋包＝袍（体をつつむ衣）・草かんむり＋包＝苞（ツボミを外からつつむ薄い外衣）
包―胞―泡―抱―袍―苞…などは、すべて同じ語根から派生した同系語の仲間で、これを「単語家族」と呼ぶ。(2)
（傍線は引用者）

また、藤堂は「単語家族」に関して、右の用例のほかに、「青…清、晴、精、睛、静」「侖…輪、倫、論」などの用例も挙げている。これらの「単語家族」は同じ音符を持ち合わせている典型的な形声文字である。同時に、音符はそれぞれの語根の意味、先の例であれば、「青…清らかで、澄みきったさま」「侖…きちんと揃えたさま」も表し、それが偏や旁とが合わさって意味を構成する「会意文字」という側面を併せ持っている。では、「青」がなぜ「清らかで、澄み切ったさま」を表すのか。「青」の意味や「青」の「単語家族」について、藤堂は次のように説明している。

中国人は「きよらかに澄んださま」をかつてセイ tseng と呼び、それを漢字では「生（けがれなき若葉）＋井（井戸枠の中の清水が澄んださま）」をあわせた青の字で書き表した。同時に彼らは「澄んだ水」「澄んだ日」「汚れをとりさったきれいな米」「澄んだ目」「しんと澄みきった環境等々」…を、すべてセイと呼んだ。だからこの場合、いちいち別の漢字を作る必要がない。いとも簡単に次のように書き表した。

水＋青＝清（澄んだ水）・日＋青＝晴（澄んだ日ざし）・米＋青＝精（きれいに精白した米）・目＋青＝睛（澄んだ目）・争（もめごと）＋青＝静（もめごともなく、しんと澄みかえった状態）

清―晴―精―睛―静……など数十に及ぶことばは、すべて同じ語源セイ tseng から出た同系語なのである。[3]

また、「侖」について藤堂は、「『合の字の上部（あわせまとまる）＋冊（そろえた短冊）』を組みあわせた字で、記録をしたためた竹簡を、順序正しくそろえてまとめることを表している[4]」と解釈し、それに基づき、「輪（同じ寸法の車幅をそろえて、外枠でまとめたワ）、倫（人と人の間柄を整理してまとめた人間関係）、論（順序正しくそろえた発言）」の意味を説明した。

漢字には純粋な形声文字と会意兼形声文字が混在しているからこそ、藤堂明保による「単語家族」の概念を指導の一環として取り入れ、援用する必要性があるだろうと思われる。形声文字と会意文字の境界線をどこに置くべきかは、個々の漢字の特徴によって様々であるが、こういった概念を学習者にはっきりと理解させる必要がある。

このように、小学校国語科教科書や教師用指導書における形声文字の指導から、漢字そのものの構成部品やその字の読み、意味に重点を置きながら指導するという特徴を見出すことができる。しかし、指導書における指導事項を見た限りでは、会意兼形声文字という概念に触れず、両者の区別を単に音符の有無にとどめられている。「青」が含まれる形声文字群について、音符「青」の表意性を捉えた実践[5]もなされているが、その実践においても形声文字の構成上の特徴や個々の漢字の字音、字義の解釈にとどまっている。

漢字の構成や読みに対する認識は漢字の読み書きに直接関連している。また、字音（音読み）の指導は、その漢字の音符の役割を理解させたり、同じ音符を持つ漢字群の読みを推測させたりするのに有効であるし、字義（訓読み）の指導は、その漢字の意味を把握させるのに役立つ。しかし、このような指導は、形声文字の「形・音・義」だけを習得させるための作業になりがちで、運用などを通して定着させるという面では課題[6]が残っている。

(二) 中学校国語科教科書と教師用指導書における形声文字指導

中学校段階では、形声文字の音符を手がかりとして、漢字数を増やし、語彙拡充を図る傾向が見られる。『中学校　国語1』（学校図書　二〇〇六）の「漢字を見抜く2…声符による漢字の読み」というコラムでは、形声文字の音符は表音機能だけでなく、表意機能も備えているという会意兼形声文字の概念を説明し、次のような練習問題を設けている。

㈠ 声符が表すもの——形声文字

〈例〉　音　　声符と意味　　義符　　意味

晴	セイ			日	＝はれ
清	セイ・（ショウ）			水	＝きよらか
精	セイ・ショウ	青 きよらかにすんだ	＋	米	＝しらげよね
情	（セイ）・ショウ			心	＝なさけ

㈣ 次のグループで共通するものを調べましょう。

基・棋・碁

除・徐・叙

「基」は「土＋其（音符）」で、四角い土台を表し、「棋」は「木＋其（音符）」で、四角い木の盤を表し、「碁」は「石＋其（音符）」で、四角いますめの上で石を動かす遊びという意味を表している。したがって、「基」「棋」「碁」の共通する部分は音符の「其」だけでなく、「其」の「四角い」という意味もそれぞれの漢字の中に含まれている。「除」「徐」「叙」に関しても、「余」は音符だけでなく、「八（左右に開く）＋朩（スコップで土や物を押しのける）＝左右に押しのける」という意味もそれぞれの漢字の中に含まれている。よって、「基・棋・碁」も「除・徐・叙」も会意兼形声文字である。[7]

次の項目では、複数の読みを持つ音符からできた形声文字群が提示されている。

㈡ 複数の音を持つ声符

「精」に、セイ・ショウ、二種類の音があるように、声符にもいくつかの音を表すものがあります。ただし、その音同士も全くちがうのではなく、共通点があります。

〈例1〉 該当　核心　時刻

ア　声符……亥

イ　読み……ガイ・カク・コク

ウ　音の共通点……カ・ガ行の音

〈例2〉 格　閣　客　額　略　路

ア　声符……各

イ　読み……カク・キャク・ガク・リャク・ロ

ウ　音の共通点……カ・ガ行の音とラ行の音

問　次の―線部の漢字について〈例〉を参考にア・イ・ウそれぞれを調べましょう。

①　車輪　倫理　論理

②　兼業　謙譲　嫌悪　廉価

③　墓標　お歳暮　募集　規模　幕府　砂漠　模型　暗幕　皮膜

この練習問題では、主に形声文字の音符、音符の読み、同じ音符を持つ漢字群の読みの共通点を学習者に認識させることに重点が置かれている。これらの練習を通して、多くの漢字、漢字語彙に出会い、形声文字の構成上の特徴に対する理解を深めさせることができよう。ここに挙げられた形声文字はほぼ「部首（意符）＋音符」という構成になっている。しかし、形声文字の部首は必ずしも意味を表す部分であるとは限らない。例えば、「錦」の音符は「金偏」で、義符は「帛」であったり、「視」の音符は「示偏」で、「見」はその意味を表している。したがって、形声文字を指導する際に、音符と部首の区別や識別方法もあわせて指導する必要がある。

「声符による漢字の読み」の後ろに「まとまりとしての漢字学習」というコラムが設けられている。このコラムは同じ音符を持つ形声文字をまとまりとして学習させることを意図し、各漢字コラムの後ろに提示されている。例えば、「般」「搬」「盤」、「奉」「俸」「棒」。

「声符による漢字の読み」の授業展開例として、同書の『教師用指導書　指導事例編』（学校図書　二〇〇六）では次のように示されている。

学習目標	漢字の声符について理解する。	
学習内容	声符とは何かを知り、漢字を見抜く練習で確かめる。	
評価基準	〈関心・意欲・態度〉　声符による漢字のまとまりに気づき、「漢字のコラム」を参考に、特定の声符を取り上げてその声符について自分なりの漢字のまとまりを完成しようとしている。 〈知識・理解・技能〉　形声文字の義符・声符とは何かを知り、義符・声符を見つける方法を身につけている。	
授業の展開	学習内容	学習活動　●指導者　○学習者
	1　四つの漢字から共通する声符を見つける。	●教科書にある「晴」「精」「清」「情」を黒板に書き、共通点を探させる。 ○「青」という形と、「セイ」という音が共通することを見つける。 ○それ以外に共通することはないか、漢和辞典を引いて確かめる。 ●意味の共通点にも気づかせる。
	2　声符について理解する。	○教科書の本文を読み、「声符」について知る。
	3　複数の音を持つ声符についても理解する。	○教科書の本文を読み、複数の音を持つ声符について知る。 問（問題）を分担し、辞書を引いて調べる。

（傍線は引用者）

右の授業展開においても、形声文字の音符を理解させるだけでなく、音符の表意性をも認識させるように工夫している。また、同じグループの漢字は音符の読みが同じであったり異なったりすることがあるため、教科書に載っている用例を通して、複数の読みを持つ音符について理解させるように指導すると示されている。この指導案では、一文字の読み、またはそのグループの漢字の読みを認識させるだけでなく、形声文字の構成上の特徴を身に付けさせ、これからの漢字学習においても漢字の認識方法や識別方法を応用させていくという意図が窺える。

(三) 日本における形声文字指導の特徴と課題

日本の小中学校における形声文字指導の事例から、次のような特徴を見出すことができる。一つは、興味・関心を喚起しつつ、同じ音符を持つ形声文字を一つのまとまりとして、それらの漢字の読み、意味をまとめて指導すること。もう一つは、形声文字の構成上の規則性を身に付けさせた後、自ら進んで辞書を引きながら形声文字の意味を理解したり、記憶したりするように指導すること。しかし、小学校においても中学校においても、形声文字からなる熟語に言及するものの、運用や表現を通してその習得を定着させる工夫が見られないという課題も明らかになった。

三、中国における形声文字指導――「字族文」指導法

中国では、漢字教育を「識字教育」と呼んでいる。一九四九年に新中国が成立した当時、「人口の八〇%を占める非識字者をなくすことは新中国建設の必要条件である」と毛沢東が指摘した[8]ように、建国後の中国では識字率はわずか二割しかなかった。いち早く農民を中心とする非識字者をなくし、識字率を上げるために、「集中識字」「分散識字」「注音識字」など、様々な漢字指導法が広い地域で実施された。「字族文」指導法はその中の一つの試みで、一九八〇年代に実践されはじめ、一九九一年から四川省楽山市井研県で本格的に取り組みが始められた。

(一) 「字族文」指導法の目的と定義

漢字表記しかない中国では、小学校卒業までに二五〇〇字の習得が定められている。そのため、長年来、如何に短期間で大量の漢字を覚えさせるかが重要な課題とされてきた。その代表的な漢字指導法に「集中識字」指導法と「分散識字」指導法がある。「集中識字」指導法とは、低学年で「山」「人」「木」のような基礎漢字や部首を手がかりとして複合構成の漢字を大量に学習させる指導法で、漢字の字形を指導の中心とするものである。しかし、この指導法では、漢字の習得と運用が分離しており、「質的学習」より「量的学習」を重んずるため、漢字習得が定着しにくいことが懸念されていた。その後、読書しながら漢字を習得していく「分散識字」指導法や、ピンインのついた文章を用いて漢字を学習していく「注音識字」指導法なども考案されたが、いずれも偏りが見られ、効率よくかつ持続可能な漢字指導法が求められていた。そこで、誕生したのが「字族文」指導法である。「字族」とは同じ単体字を持ち合わせる漢字群のことで、その単体字を「母体字」と呼ぶ。「字族文」とは同じ「母体字」からなる漢字群を盛り込んだ文章のことを指す。

「字族文」指導法は低学年の学習者が抱えている三つの課題、すなわち「字量（習得すべき漢字の量）」「字序（新しい漢字が出現する順序）」「字用（漢字の運用）」を改善するために考案されたものである。(9) それまで行われた漢字指導法の課題を改善するために、「字族文」指導法は、漢字学習に興味・関心を持たせ、運用や表現の中で漢字、漢字語彙を集中的に習得させるという方針に基づき、一〇年あまりの試行錯誤を経て体系的な指導法や教材が作成され、徐々に成熟してきた。今日でもなお広く実践されている。

「字族文」指導法は二つの特質を持ち合わせている。一つは、中国の韻文文化を生かすことで、もう一つは漢字の構成上の特徴を生かすことである。中国の『三字経』『千字文』は伝統的な啓蒙教材であるとともに、よく知られている韻文教材でもある。三字、四字韻文はリズム感があり、暗誦しやすいため、漢字を読めなくても、先生の後について繰り返し読んでいるうちに身につけていくことができる。リズミカルな韻文の朗読は五感に刺激を与え、記憶に残りやすい。「字族文」指導法は同じ母体字を持つ漢字群をリズミカルな詩歌や物語の中に盛り込むことで、楽しく読んでいるうちに漢字、漢字語彙を習得していく指導法である。この指導法では、漢字だけでなく、語彙、文の繋がりも重視されている。

(二) 「字族文」指導法の手順と用例

「字族文」指導法は次のような手順で指導していく。

① 『新華字典』と『現代漢語詞典』に基づき、常用「母体字」三三〇字を選出し、これらの「母体字」からできた使用頻度の高い二五〇〇字を低学年で学習させる。選定された二五〇〇字のうち、形声文字が最も多かった。例えば、「青…清・晴・精・情・睛・請・静」「方…坊・房・防・紡・訪・放」「扁…篇・編・偏・遍・騙・蝙」「反…板・飯・版・販・返」「莫…模・漠・膜・摸・寞・幕・墓・暮・慕・募」[10]など。これらの「字族」は日本のまとまりとした漢字学習と同じく音符を手がかりとして分類している。

② これらの二五〇〇字を漢字族別にリズミカルな詩歌（韻文）や面白い物語に用いる。その詩歌や短文が収録されているのは『趣味規律識字読本』（四川人民出版　一九九二）である。例えば、「小青蛙（小さな蛙）」と「『皮』字朋友多」はその中の用例である。

小青蛙

河水清清天气晴，小小青蛙大眼睛。
保护禾苗吃害虫，做了不少好事情。
请你保护小青蛙，它是庄稼好卫兵。

【訳】

河水は清らかで、空は晴れ渡り／小さな蛙に大きな目（睛）／害虫を食べて稲を守り／良いこと（事情）をたくさんやっている／どうぞ小さな蛙を守ってください（请）／蛙は作物の見張り番

「皮」字朋友多

有土堆成坡，有水波连波。
碰石擦破皮，走路跛一跛。
披衣床上坐，被子多暖和。
透过玻璃窗，夕阳染山河。
外婆来看我，带来甜菠萝。

【訳】

土があると坂（坡）となり、水があるところに波が立つ／石にぶつかって怪我（破）をし、足を引きずり（跛）ながら歩く／上着を羽織って（披）ベッドから起き上がり、布団（被）の中のほうが暖かいなと思う／夕日が山河を染めたのが、ガラス（玻）窓を通して見える／おばあちゃん（婆）が会いに来て、甘いパイナップル（菠）を持ってきてくれた

これらの詩歌を通して、「青、清、晴、睛、情、请（請）」「皮、坡、波、破、跛、披、被、玻、婆、菠」の漢字を学習できるだけでなく、それに関連する熟語に触れることもできる。「小青蛙」は「小さな蛙」という主題に基づいた一つのまとまりを持った内容であるのに対し、「『皮』字朋友多」は上下の対句は関連性があるが、詩歌全体は一つの主題ではない。また、後者では、「有水波连波」のように部首の表意性に関する説明を詩歌の一部分として取り入れており、漢字の意味を分かりやすく理解させるために工夫を凝らしている。次の用例「工字族[11]」も「『皮』字朋友多」と同様に、「工」からできた形声文字の部首の意味に関する説明を詩歌の中に

盛り込んでいる。

江　虹
杠　工　红
缸　扛

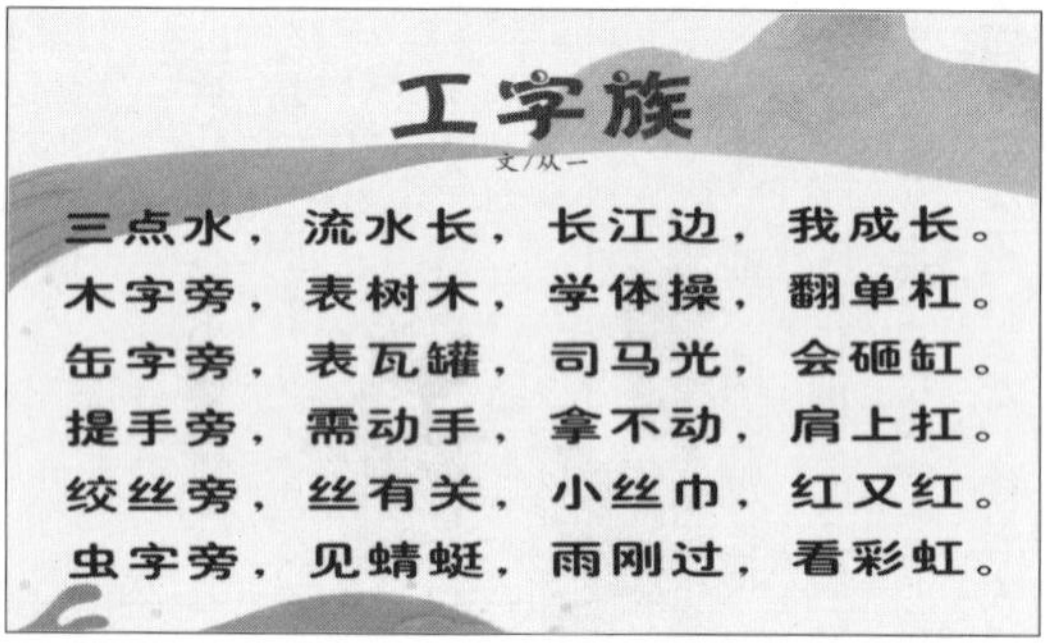

工字族
文/从一
三点水，流水长，长江边，我成长。
木字旁，表树木，学体操，翻单杠。
缶字旁，表瓦罐，司马光，会砸缸。
提手旁，需动手，拿不动，肩上扛。
绞丝旁，丝有关，小丝巾，红又红。
虫字旁，见蜻蜓，雨刚过，看彩虹。

【訳】
さんずいは、水のように長く流れ、長江のほとりで、私が育つ。(江)
木偏は、樹木を表し、体操を学び、鉄棒をする。(杠)
缶偏は、缶のような入れ物を表し、司馬光は甕を壊し、(友だちを救った[12]。)(缸)
手偏は、手を動かす動作で、手に持てない時、肩に担ぐ。(扛)
糸偏は、糸と関係があり、小さなスカーフまっ赤っ赤。(紅)
虫偏と言えばトンボ。トンボが飛ぶと雨が降る。雨が降ったら虹が見える。(虹)

③ 漢字の規則性を運用し、右図のように「母体字」に偏旁部首をつけて、同族漢字を探して、漢字量を増やす。さらに、その漢字からできた熟語を考えさせ、それらの熟語からなる韻文や物語を創作させる活動を行う。例えば、

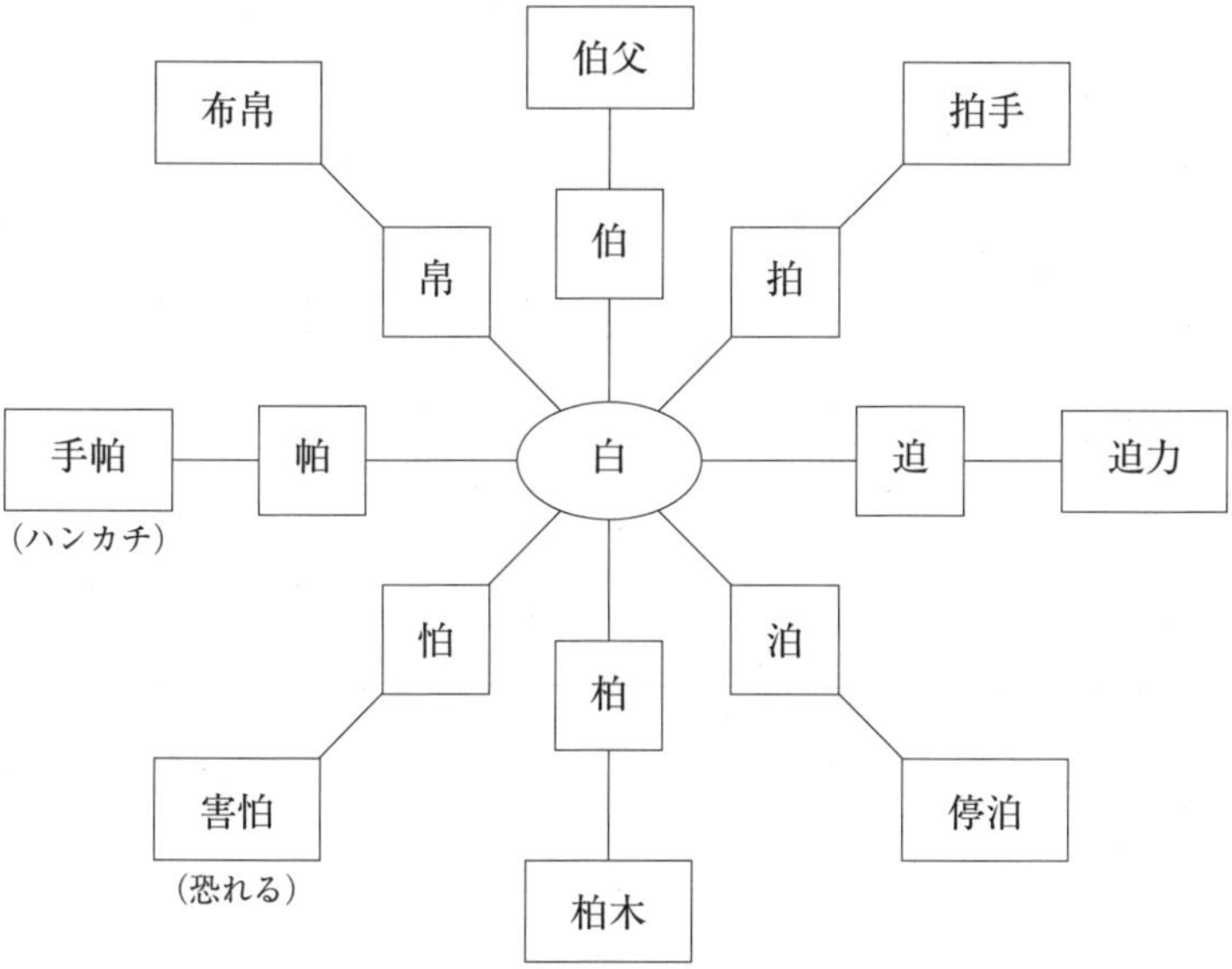

・「伯父」「拍手」「迫力」「停泊」「柏木」「害怕」「手帕」「布帛」の関係を想像して、関係図を作成してみよう。
・関係図に基づき、これらの熟語を用いて、一つの辻褄の合う物語を作ってみよう。

④ テキストに載っている韻文や詩歌および学習者が創作した「字族文」を繰り返し朗読させ、漢字、語彙の習得を定着させ、漢字や言葉による表現の楽しさを実感させる。

㈢ 中国における形声文字指導の特徴

中国における「字族文」指導法は以下のような特徴を見出すことができる。一つは漢字の構成上の特徴と韻文のリズム感を生かし、韻を踏むような詩歌を用いること。詩歌の中に部首に対する説明もなされている。もう一つは音符を手がかりとして形声文字を分類するだけでなく、表現や朗読の中で漢字学習の楽しさを体験させ、運用させながら漢字、語彙の習得を定着させること。さらに、教科書の新出漢字の順番に拘らず、同じ音符を含む漢字を集中的に指導することも挙げることができる。

四、日中形声文字指導法の相違点と問題点

本節では、日中両国の共通点や相違点および問題点について考察する。

㈠ 共通点と相違点

共通点としては、日中両国とも学習者の興味・関心を喚起するように工夫を凝らしている。日本では色分けや絵図にすることなどで形声文字の音符と意符を識別させるような指導を行うのに対し、中国では詩歌や物語を用いて形声文字の「字族」を習得させている。また、両国とも形声文字の「形＝意符」と「声＝音符」の組み合わせという構成上の規則性を生かし、音符に部首を付ける方法で集中的に形声文字を指導している。

相違点としては、日本の場合、漢字の形・音・義に焦点を当て、漢字そのものを重点的に指導する傾向が見られる。一方、中国では、リズミカルで韻を踏むような詩歌を用いて繰り返し朗読させたりすることで、「字族」の漢字の読みを覚えさせ、文脈の中でそれぞれの部首の意味や字義を理解させつつ漢字、語彙を指導するという特徴が見られる。

㈡ 問題点

言うまでもなく、日中両国の漢字に含まれる要素は異なっている。日本語の漢字の音読みは中国より伝来した時

間差や伝来元の中国における地域差が反映され、同じ音符を持つ漢字群でも複数の読みを持っている。また、訓読みは中国の漢字を受容する時に在来の大和言葉を当てたもので、漢字の意味表示にもなる。このような複雑な要素を学習者に効果的に習得させるために、一字一字の複数の読み、複雑な字体、多様な字義への指導に主力を注ぐ必要がある。それに対し、中国の形声文字の「字族」はほぼ同じもしくは類似した読みであるので、その類似した読みを生かして、「字族文」を作ることができたのである。

このような日中間の漢字自体の相違点を無視してその指導法を比較することはできない。しかし、漢字に含まれる要素が異なっていても、楽しい作業の中で考えたり表現したり朗読したりすることは、漢字や言葉の習得と定着に繋がる。日本においても、朗読や創作などの作業を通して、漢字の習得を定着させる必要があるであろう。

五、「字族文」指導法を生かした漢字指導法

漢字習得は、たくさん読めたり書けたりすればよいというレベルでは十分とは言えない。漢字を覚えたと言っても、運用できなければ、表現力に繋がらないし、学習意欲を維持させるには困難である。ここで言う「表現力」とは、「話す力」「聞く力」「読む力」「書く力」の総合的な運用能力を指している。個々の漢字指導も大事であるが、多様な場面で、生きた言葉としての漢字語彙を使いこなせるようにすることがもっとも肝要である。そこで、本稿の第二節で紹介した中学校国語科教科書に載っている「莫」を含む形声文字群を例にとって、次のように提案したい。この提案では、中国の「字族文」指導法の手法を生かし、部首の意味を説明しながら、「莫」を含む漢字群を文章の中に取り入れたいと考えている。

以下に筆者が作成した「莫」に関する文例を示す。

日が沈み夕暮れに消えてゆくこの町、巾《ぬの》ですべてを隠す幕が下りたよう。
疲れた木々が模型のように動かなくなり、家の中は人の気配がなく寂寞の世界へ。
水のない砂漠で水源を求めるように、近くにいないあの人を心から慕っている。

この「莫」に関する文例は夕暮れの景色を描いたものである。文中の傍線で示したように、「莫」を含む漢字の部首を提示し、その意味に関連して個々の漢字の字義を説明している。ただし、「暮」という文字を指導する時に、「莫」との関係をおさえておく必要がある。「莫」は「草冠＋日＋草のしるし」で、「草原の草むらに日が隠れるさま」を示し、「日がくれる」という意味を表す文字であった。しかし、「莫」は「隠れて見えない」という意味から「ない」、禁止を表す「なかれ」という意味に転じて、今日では「日がくれる」という意味として使われなくなった。そこで、「莫」の「日がくれる」という意味を明確に表すために、もう一つの「日」を加え、「暮」という字が作られたのである。「莫」を含む形声文字においては、「莫」は音符だけでなく、「隠れる、見えない、ない」という意味を表す語根でもある。このように、形声文字群の文例を指導する際に、それぞれの漢字の共通点や音符と部首の役割などを理解させておくことが必要である。

　この「莫」の文例では、漢字の音読みのほか、訓読みや熟語の読み、言葉の意味なども盛り込んでいる。このような文を提示したり、創らせたりすることで、同じ音符を持つ形声文字群の構成上の特徴や漢字の字音、字義の相違点に気づかせることが期待できよう。

六、おわりに

本稿では、形声文字に関する日中の指導法を比較・考察し、それぞれの共通点や相違点および問題点を踏まえたうえで、中国の「字族文」指導法を生かした方法を提案した。形声文字だけでなく、漢字全般の習得や言葉の習得においても、興味・関心を喚起し、漢字や言葉の特質を生かし、考えさせたり想像させたり表現させたりすることが重要である。

今後の課題としては、実践を通して、今回提案した方法の有効性と問題点を検証し、日本の漢字教育に資する新たな指導法を開発していきたいと考えている。

【注】

(1) 本稿では引用以外、形声文字の字音表示部分を「音符」と称することにする。
(2) 藤堂明保『漢字の話　上』朝日選書三〇九　朝日新聞社　一九八六　七〜八ページ
(3) 注2に同じ。七ページ
(4) 注2に同じ。七ページ
(5) この実践は『教育科学国語教育』(明治図書　二〇〇五年一〇月号)「子どもが熱中する『漢字文化』の授業」特集に掲載されている齋藤一子氏によるものである。この指導案では、黒板に「晴　清　精　請」の漢字を一字ずつ書いてその読みを答えさせた後、「青」の成り立ちを説明し、「青」の「澄みきったさま」という意味が「晴　清　精　請」のそれぞれの漢字の中に含まれていると指摘した。この指導法は形声文字の構成上の規則性や音符の表意性に対する理解を深めさせることを試みたが、漢字の形・音・義に対する理解や認識を重点的に展開しており、如何に定着させるかは提示されていない。

(6) 本稿の五七ページに紹介した指導案には他にも幾つかの課題が残っている。例えば、『みんなと学ぶ　小学校　国語　三年下』(学校図書　二〇〇七)の「言葉のいずみ1」において、引用した「晴」「花」「板」に続いて、「主(シュ)…注(チュウ)・柱(チュウ)・住(ジュウ)」という用例も挙げられている。この内容について、同書の『教師用指導書　解説編』(学校図書　二〇〇五)では「『主』という漢字で構成されている形声文字の音が、元の音とは少し変わっていることを読ませて理解させる」という説明にとどまっている。このような説明が学習者の形声文字の「音符」に対する理解を阻害しかねない面を持つため、指導する際により一層工夫を凝らす必要があろう。

(7) これらの漢字字義の解釈は『漢字源』(藤堂明保・松本昭・竹田晃編　学習研究社　一九九三)による。

(8) 大原信一『中国の識字運動』東方書店　一九九七　一七三ページ

(9) 佟楽泉・張一清『小学識字教学研究』広東教育出版社　一九九九　一三四ページ

(10) ここの用例は便宜上日本語の漢字を用いる。

(11) この用例は『幼児聴読連想識字』(広州出版　二〇〇五　三〇~三一ページ)による。

(12) 「司馬光は甕を壊す」とは、司馬光が小さいころ、友達と一緒に遊んだ時の有名な逸話である。友達が誤って水が張ってある甕の中に落ちてしまった時に、司馬光は迷わず石で甕を壊し、友達を救ったというお話である。

第三章

中学校の漢字・漢文をめぐる実践と課題
――私立中学校での経験から――

宮　利政

一、学校の実態

私が授業実践を行った城北学園は、戦前の旧制東京府城北尋常中学校と、その流れを汲む府立四中で校長を務めた深井鑑一郎により、明治期の旧制城北中学の再興を目的として創立された男子校である。(1) 深井は儒学者でもあり、「撰定中学漢文」などの漢文教科書の編者としても名高く、漢文とは縁の深い中学校である。

現在の在学者数は、中学が二七〇名前後、高校が三六〇名前後であり、私立の進学校の中では平均的規模の学校と言えるだろう。(2)

生徒は、入学試験時に選抜されるため、公立校に比べて均質な学力を持ち、学習に取り組む意欲も比較的高い。一方で、最上位の進学校に比べると入学者層は幅広く、そのため六年の間に大学受験に対応できる学力を習得させ、一人でも多くの生徒が第一志望へと進学できるように支援することが教育課題である。

さらに、多くの中高一貫進学校と同様、ほぼ全員が高校へと内部進学をするので、学習意欲が著しく低下する生徒も中学後半には現れる。「高校受験」という明確な目標がない時期に、いかに学習に目を向けさせるかは大きな課題といえよう。これらの課題を抱えつつ、「漢字・漢文」教育の実践においてどのような取り組みを行ってきたのか、次章から個々の具体的な取り組みについて触れていきたい。

二、中学における漢字・漢文の教育

(一) 入り口としての中学入試

多くの進学校と同様に、城北中学でも入学試験において漢字の書き取りを課しているが、なぜ中学受験では漢字の書き取りが課されることが多いのか、その理由を考えてみたい。

一つには、「漢字という地道な学習を必要とするものへの取り組みの度合いを見ることで、受験生の学習姿勢を知る」という理由が考えられよう。さらに「基本的知識の定着度合いを見る」ことも重要な理由であろう。確かに漢字の問題は、テクニックでどうなるものではない。慣用句・諺の問題と並び、「地道な学習への取り組み度合いを見る」という点で、漢字の書き取りを問う手法は優れている。現に多くの塾では漢字のテキストを配布し、漢字テストを課していると聞く。一方で、「点数を取らせることで一定の平均点を保つ」という出題者側の事情も透けて見える。出題者側としては、対策を怠らなければ点数を取りやすい漢字の書き取り問題は、得点率の読みやすい出題といえる。このように、漢字の書き取りは受験生・出題者双方にとり利点のある出題形式であると結論づけられる。

(二) 漢字教育の実践

中学校における漢字教育は、小学校の延長として常用漢字の習得を目指して行われるため、検定教科書は、未習の常用漢字を三年間で学ぶように計画され、教科書を終えれば常用漢字を習得できるように構成されている(3)。しかし、進学校の多くは検定教科書ではなく、独自の教材を用いて授業を展開するので、系統だてた漢字学習に困難が生じるという課題を抱えることになる。

そこで、その穴を補うために「漢字テスト」の実施という方法がとられている。やり方は様々であろうが、「副読本として渡した問題集から出題範囲を指定し、一定期間の自習を促した後で試験を課す」という方法が一般的であろう。他にも、「授業で扱った読解教材の中から出題する」、「小説や評論など、本を一冊指定してその文章中から出題する」、などの方法が挙げられるが、これらの方法はどれも自習中心で、とくに登場する漢字自体についての説明が教員からされることはないという共通点を持つ。つまり、漢字教育は自学自習形式をとることが多いのだ。

このような漢字学習の現状を考察してみると、

- 自習中心であるにも関わらず、どう学べばよいか教員から提示されていないこと。
- 学ぶべき漢字の数が多く、一度の学習では定着しにくいこと。
- その結果、「漢字は覚えるしかない」という単純作業で捉えられがちなこと。

という問題点が浮かび上がり、生徒は漢字学習への意欲を低下させ、やればできるのにやらない生徒と、そもそも漢字学習を自分で行えない生徒の出現を招くこととなる。その対応として、前者には、懲罰的な書き取りを課したり、平常点から減点するなどの対応がなされることが多いように思うが、教育と呼ぶには心許ない対応であろう。後者には、呼び出して手取り足取り指導する場合が多いと思うが、こちらも根本的な解決策とは呼べない。

こうした生徒を減らすには、まず漢字の学習方法を提示し、学習意欲を高めるよう指導する必要があろう。そこで、その一環として行ったのが、漢字学習が苦手な生徒を対象とした「漢字道場」である。この実践では、漢字の成り立ちの話から始め、部首の意味、声符と意符について、六書について話をした。例えば、「詠」という漢字は、意味を表す意符の「言」と音を表す声符の「永」からできた形声文字であると告げ、次いで「永」が「本流から支流が分かれていて支流のあるながい川」を象った象形文字であり、「言」は声符の「辛」と意符の「口」とが組み合わさった形声文字で「口からの心のあらわれ」、つまり「ことば」の意味を表し、二つが合わさり「声をながく引っ張ってうたう」意となったことを紹介するという具合だ。他にも白川静氏の成果を踏まえて生徒に語りかけるのも面白いだろう。[4] 漢字に焦点を当てて授業を行うことはなかなか難しいが、漢字の成り立ちの話から初めて「漢字」そのものについて解説することで自習もしやすくなる。

さて、授業での実践例としては、動植物名や国名など、いわゆる難読熟語を使っての遊びがある。これは難読熟語を羅列した用紙を配布し、生徒に読み方を考えさせながら漢字の表意性・音訓に着目させることを狙いとし、漢文教材の導入として行った実践である。

読み方の一切書かれていない熟語を配布され、生徒は戸惑う。そこで書かれている漢字のカテゴリーを告げると、生徒は一斉に読めそうな漢字を探す。例えば「植物」の名前であれば「蓮根」「蜜柑」など、読めそうな漢字と、「菠薐草」「鳳梨」など、テレビのクイズ番組にでも出てきそうな漢字とを混ぜておく。読めそうなものを見つけ、ちらほらと声が上がればしめたもので、次いで順にヒントを出しながらクラス全員で読み方を考えさせる。このときに漢字の持つ表意性と、熟語を構成する一字一字の声符に着目させ一気に漢字に対する理解を深めていく。[5]

漢字の表音性と表意性の両方に着目させる活動としては、オノマトペを漢字で表すという作業が効果的だ。もともとは中国語に翻訳された漫画で、漢字に訳されているオノマトペと訳されていないオノマトペがあることから発想した活動である。因みに、漫画を英訳する際に一番難しいのが多用されているオノマトペだそうである。英語は表音文字なので、オノマトペが持つ意味を音の列挙では表現し難いためであろう。それに比べれば、漢字は表意文字なので、表現しやすいと思われるが、音としても、意味としても適切な漢字を見つけ出すことは大変に難しい。例えば、気持ちよく笑っているときの「かっかっかっ」というオノマトペを、ある生徒は「可可可」と表現し、別の生徒は「快快快」と表現した。前者は音に忠実であることを目指し、後者は音が近く、意味も考慮した漢字を選び、気持ちよく笑うというその気持ちよさを表現している。この実践には漢和辞典が不可欠であり、漢和辞典の音訓引きの練習にもなる。(6)

このように漢字自体に興味を持たせることで、生徒の漢字を学ぶ意欲を高め、漢文を読む際に一字一字に注意を払い、知らない漢字がどのような意味をもつのか尋ねたり、辞書で調べたりするようになった。漢字に興味を持つ前と後とでは、漢字を自学自習するときの方法がまるで違う。まずは漢字そのものへの捉え方を変えさせる工夫が必要と言えよう。

(三) 生徒を取り巻く環境と新たに必要な漢字力

現在の漢字学習では、漢字を「選択」する力、つまりパソコンや携帯電話のメールで文章作成を行うとき、自動で表示される多くの変換候補の中から文脈上どの漢字を使用すればよいのかを選ぶ力の習得が必要である。従来は知らない漢字は辞書を引かなければ書けなかったが、パソコンや携帯電話の変換機能の登場に伴い、事情は一変した。

そもそも、日本語に同音異義、同訓異義が多いのは発音上仕方のないことだが、これら同音・同訓の漢字が変換候補として提示された場合に、意味の違いを念頭に置き、的確に選択するにはかなりの漢字の知識を必要とする。アプリケーションによっては変換した漢字の意味を同時に表示し、選択を手助けしてくれるものもあるが、これとて万能ではない。正しい漢字を選択できるために、漢字教育では今まで以上に同音異義、同訓異義の単語熟語に興味を持たせる必要性が生じる。

一つの実践として「音」を書いたカードを複数用意し、ランダムにそれら二枚を組み合わせることで生じる熟語に漢字を当てはめていくという活動を行ってみた。「コウ」という音と「カイ」という音を組み合わせれば「コウカイ」という熟語ができあがる。誰が一番多く「コウカイ」という漢字を書けるか競うことで同音異義語に興味を持たせる。音の組み合わせによっては意味のない熟語や同音異義語の少ない熟語もあるが、それはそれで盛り上がる。沢山の同音異義語がある熟語では、できるだけ多く探そうと熱が入る。中にはどの熟語が一番多いのかを探し始める生徒まで出る始末であった。この実践を通し、日本語には同音・同訓意義がとても多いことと、使い分けるには文脈から判断する必要があることを伝えられよう。

パソコンの登場は漢字教育に様々な可能性をもたらした。今まで手書きでは決して書かなかったような難しい漢字も手軽に変換できることで、そうした漢字の使用や、目にする機会が増え、読む力が伸びたのもその一つであろう。この度行われた常用漢字表の改定[7]でも、書けなくても読めればいいという趣旨で追加された漢字があり、手で書くのは億劫だが、変換機能の普及とともに使用頻度の増した漢字が多く含まれている[8]。

さて、「変換ミス」という言葉もパソコンの登場とともに現れた概念である。この言葉は、ユニークな変換ミスとともに瞬く間に市民権を得た。手で書く場合は漢字の書き間違いはあっても、文節を間違え、まったく意味の異なる文章を書いてしまうことはない。あっても読点をうつ場所を間違え、意味を取り違える場合（「警官は血だらけになって走る泥棒を追いかけた。」のどこに読点を打つか、の類）程度しか想起しがたい。しかし、パソコンで長文を入力し、変換キーを押した場合、文節自体が変わってしまう場合がある。有名な一例を挙げれば、「海外に住み始めました。」という文を、貝が胃に住み始めました。

のように変換してしまうのだ。少なくとも「貝が胃に住む」という状況は誰も想起しないものであり、パソコンの登場以前は決して書かれることのない文であろう。この「変換ミス」という現象も漢字学習に活用する可能性をもっていると言えよう。実際に漢字検定協会では、過去に「変漢ミスコンテスト」なるものが行われ、紹介されている。[9]

さらに、変換ミスについては、ネット特有の言葉遊びとして始まったと思われる「誤変換に基づく当て字」の存在を付け加えておきたい。よく見かける例では、携帯電話のメールで「了解した」旨を伝えるのに、わざわざ「領海」と同音異義語を用いて言葉遊びを楽しむ方法などである。同音異義語であるため、メールの文字変換機能によって、自動で表示された候補の中から選んで送ったことが始まりかと思われる。これらは、中世に和語を漢文表記するために行われた当て字に近い[10]。例えば「浅猿」（浅まし）、「六借」（むつかし）といった類である。戦前は文学作品の中にもよく見られた当て字であるが、戦後の漢字改革[11]により姿を消した。こうして一度は姿を消した当て字が、パソコンや携帯電話の変換機能を用いて中高生を中心に復活を果たしたのであろう。ただし、インターネットを利用したチャットや掲示板における誤変換には、内輪で盛り上がるための当て字が多く、人を不快にさせる類のものも存在するため、教育現場で扱うには注意を要する。

このように、中学生が漢字を学ぶ上で、「デジタル機器と変換」というものは切り離しがたいものである。これらを上手く活用してこそ、興味深い漢字教育が行えるだろう。

(四) 漢文教育の実践

漢文教材を初めて扱う学年はいつだろうか。現行の中学生用の教科書を見てみると、漢文教材を取り上げてあるものの、書き下し文で示されていたり、書き下し文が並列されていたりと中学生むけの配慮がなされている。[12] 新『中学校学習指導要領』では、中学一年生から「文語のきまりや訓読の仕方を知り、古文や漢文を音読して、古典特有のリズムを味わいながら、古典の世界に触れること」[13] とあるので、現在よりも、より高校での学習に近い形での授業展開が可能となる。ただし、この新『中学校学習指導要領』の指針も、進学校では既にカリキュラムとして組み入れられている場合が多い。

城北中学でも一年次から漢文を教材として取り上げた。導入としては、前節で触れた難読熟語を紹介して、漢字そのものに対する興味や関心を持たせる試みを行った。次いで熟語の構成についての説明に入る。漢文を読む上で、一番の基礎となるのが漢字同士の関係である。これが分からねば、返り点をつけて返読する必然性を理解できないからだ。熟語の分類には様々な方法があろうが、授業では、

「主語と述語」（日没）
「述語と補足語（補語と目的語を合わせた呼称）」（没交）
「同義語の反復」（没落）
「対義語の並列」（生没）
「修飾語と被修飾語」（没年・鬼没）
「否定語を伴うもの」（不落）

に分けて紹介をしている。[14] 補足語を「主語（動作主）」に対して「客語（動作を受けるもの）」とする説もあるが、これらは名称が違うのみで実質的な内容が異なるわけではない。

さて、熟語の構造についての具体的説明では、二字熟語を現代語で解釈させる方法をとった。一年生の時点では、口語文法もままならず、最初から「地震」を、「地震ふ」と訓読させて、「地が震える」とは読まない、などと説明しても漢文への拒絶感を高める効果しかない。このようにして様々な熟語を解釈したあとで、三字熟語、四字熟語へとその解釈を広げていく。(15)「不良学生」であれば、「不良」と「学生」を分けて解釈させ、最後に「不良」と「学生」の関係を二字熟語の分類同様に分類させる。この手順で徐々に熟語から単文・重文・複文へと理解を深めていけば、教材読解へも楽に移行できよう。

こうして熟語の構造を学ぶと、漢文には「下から上に戻って解釈する」場合があり、そのための記号が必要だと話が展開でき、そこで初めて返り点の必然性を説明できる。返り点は「レ点」、「一二点」、「上下点」程度に留めおくのがよい。例文は漢籍から探してくるのでもよいが、導入では学校内の身近な人物や出来事をモチーフにユニークな文を作り、そこに返り点を振らせてみると面白い。学年の先生方の名前を拝借し、できあがった単文を大声で斉読したときは、あまりの盛り上がりように舌を巻いた。このように返り点を教えた後、市販の副読本を利用して返り点を付ける練習問題を扱った。単文に返り点を施す練習問題には故事成語に由来する文が豊富で、問題を解説しながら故事成語について話をしたり、漢文の世界について興味を持たせたりすることも可能である。「吾日三省吾身」では、「三」という数字がしばしばという意味を持つこと、三省堂書店の由来であることを話した。「他山之石可以攻玉」では、受験で攻玉社という学校名を知っている者も多く、他に学校名で漢文由来のものがないのか、といった生徒からの質問も飛びだした。返り点をつける作業には躊躇するものでも、故事成語の話になった途端に集中して授業を聞き始めた生徒もおり、自分の知っていることに関連する話であれば、興味をもって聞くのだと思い知った。漢文が生徒の身辺にありふれたものであることを伝えるのも、教員の務めであろう。ただし、数字の羅列に返り点をつけさせる作業では、雑談もできず熟語の構造にも目を向けさせられない。あくまでも「漢文」を使用すべきであろう。

ここまでおよそ四時間、ようやく読解教材へと漕ぎ着けた。その後三時間を使い、二つの教材を読んだ。「守株」と「助長」である。この二つを選択したのは、どちらも簡易で、落ちがあるからである。株を守って待ちぼうけを食い、[16]国中の笑いものになった男と、苗の成長を助けようと、せっかく植えた苗を引っ張ってしまった男には共通するものが読み取れる。他にも「蛇足」や「漱石枕流」、「推敲」など短い中にも内容のある故事成語の文章があるが、出てくる漢語や句形を考えて決定した。まずは再読文字がない文章が教材には適していよう。

実際の授業では、訓読漢文を配布して音読させていく方法をとった。送り仮名は文語で施して配布するのだが、古文の授業で「いろは歌」や簡単な笑話・説話を事前に学んでおけば、歴史的仮名遣いに対する抵抗は少ないようである。また、抵抗を減らすために書き下し文と口語訳も併記し、重要な箇所を空欄にした。この書き込み式の教材を配る一方で、ノートの取り方を指示した。新たに学ぶ教科では皆同じであろうが、板書の取り方が分からぬ生徒が多い。私はノートの見開きを上下に使い、上のページに本文と書き下しを、下のページには授業で板書した重要事項を板書の色分けのまま書き写すよう指示をした。生徒の理解度を測るために定期的にノートの点検をし、よく工夫してあるノートを本人了解のもと、プロジェクターを用いてクラス全体に提示したところ、生徒の励みになったようだ。

さて、授業も回数を重ね、定期試験が近づいてくると、生徒が最も気にするのが評価の部分である。初めて学んだ教科は、学習の仕方が分からず困惑する生徒が多いようだ。本来定期試験のために学習をしているのではないことは重々承知だが、導入で躓かせるわけにはいかないと考え、予想される形の想定問題を事前に提示した。学ぶ動機がまだ低い段階では、学んだ達成感を持たせることも大事であろう。

以上中学一年生で初めて漢文を扱った時の授業展開を示したが、一番気をつけたことは、文法的説明に終始するのではなく教材の内容理解に努めることと、漢文の言い回しに慣れさせることである。[17] 二年生になると、古文の授業でも本格的に文法を扱い始めるので、漢文の授業もそれに併せて文法的説明がしやすくなり、一年次ほどの説明の困難さは消滅してきた。古典文法を学ばないうちに漢文をどのように学ぶのか、難しい問題も含まれる。

(五) 中学校で漢文を教えるということ

漢文を授業で扱う場合、生徒の反応の多くは、「なぜ中国の古典を国語の時間に学ばねばならないのか」というものである。現に、中学一年生の授業で漢文を扱った時も、「なぜ漢文をやらなければならないのか理解できない」という声があがった。高校生であれば「センター試験で得点源となる」「受験ではわずか数点が合否をわける」といった合理主義も通用しようが、中学生ではそうはいかない。素朴な疑問にどのように答えればよいか。

実際に教えていて感じたことは、中学時代に漢文に触れているのと、全く触れていないのとでは高校になってからの理解に大きな違いがあるということだ。高校一年生を担当し、中学から進級してきた生徒と、高校から入学してきた生徒を同時に教えたとき、高校から入学してきた生徒の中には漢文教育を受けてきた者が少なく、中学から進級してきた生徒の授業ペースに追いつくまで大変な思いで授業を進めたことを思い出す。高校で基礎から漢文を始めた場合、触れられる文章量は基本の習得に費やす時間の分少なくなってしまう。基本を習得しておけば高校ではすぐに文章教材を扱える。また、漢文をより身近に感じられることも利点としてあげられよう。義務教育段階で学ぶことは、基礎的教養であることを暗に示すことになる。また、頭脳が柔軟な段階で名文や人口に膾炙した文を読み、名文を暗唱することの教育的効果は今更言うまでもないであろう。

しかし、このような教員の理屈に、中学生が納得すべくもない。むしろ、その必要性を滔滔と述べるより、少しでも生徒が興味を持てる教材を探し、工夫を凝らした授業で退屈させない環境を作ることが生徒にとって重要なのだというのが私の答えである。

その環境を作るためには、漢字教育と漢文教育を分離するのではなく、前章で挙げたような漢字教育の取り組みを漢文の授業における導入や途中に挟み、漢字を難解な記号に貶めない努力が必要だ。漢字を知っていることが、一部の者の特殊な能力のような風潮を生まずに、漢字を知っていることが当たり前だという雰囲気を作れれば授業は進めやすい。一つの実践例を挙げると、漢字テストや漢文の確認テストなどを行う場合、模範解答の氏名欄に「超人力覇王（ウルトラマン）」や「魯邦三世（ルパン三世）」など、有名な人物の中国語表記を入れておくというものだ。読めた生徒は誇らしげにし、読めない生徒は悔しそうに考え込む。これらは現代中国語の表記であり、漢文教育に用いることに抵抗もあろうが、興味を持たせる工夫としては有効で、訓読の練習でも、ドラゴンボール(18)に登場する「孫悟空」と「克林《クリリン》」を使って「悟空与克林修行（悟空 克林と修行す）」と文を作り、解釈や書き下しをさせた。漫画やアニメの登場人物であれば知っている生徒が多いし、生徒の関心や興味に応じてサッカー選手や海外の俳優を使う手もあろう。このような方法は稚拙で、あるいは漢文は現代中国語ではないなどと言われたりして、高校生になってしまえば通用しないかもしれないが、中学生には大変興味を喚起するようで効果的であった。

漢文を中学校で教える上で私が直面した問題と、それを解消するための実践例を紹介した。「漢文を学ぶ必要性」に生徒が疑問を抱いたにしても、授業を通じて、学ぶことが楽しいと思ってもらえるよう全力を注いでいくしかなかろう。

(六) 中学校の漢文教材

城北中学の教育現場で二〇〇三～八年に扱われた具体的な教材を列挙すると、

中一　故事成語（矛盾・蛇足・助長・守株）

中二　故事成語（守株・漁夫の利・塞翁が馬・虎の威を借る・五十歩百歩・先づ隗より始めよ・蛍雪の功・漱石枕流・腸皆寸寸断・孫叔敖の双頭の蛇）

漢詩・論語

中三　故事成語（守株・朝三暮四・虎の威を借る・塞翁が馬・燕雀安知鴻鵠之志哉・五十歩百歩・推敲・杞憂・饅頭を畏る・鶏口牛後・鶏鳴狗盗）

文章（雑説・桃花源記・侵官之害）

史伝（四面楚歌・項門之会・信玄と謙信）

漢詩・論語

である。どれも高校用教科書を見れば採録されているものばかりである。後に触れる中学用教科書の中に採録されているものと比較しても、非常に多岐にわたっているといえよう。進学校なので先取り教育を行っているために、中三では一般的な高校一年生相当の教材を扱うとは言いながらも、かなりハイレベルな教材も散見される。「桃花源記」は僅か三二〇字の短編ではあるが、その中には老子の「小国寡民」やユートピア思想などが盛り込まれており、[19]中学三年生にはかなり理解が難しい教材と言えよう。ただし、文章表現としては、特別に難しいわけではないので、ストーリーを楽しむ上では有効かもしれない。

また、故事成語は中学受験で既習の者もいるので、その言葉がなぜ件の意味を持つに至ったかを知りたいという興味を刺激する効果もあった。どんな教材を扱うことが適切かは生徒の知的好奇心によっても違うだろうが、一クラス四〇人を超える生徒に対して一斉に行う授業形式においても、前記のような教材を扱うことは十分可能だ。

次に、現行の中学用教科書に掲載されている作品と比較してみると、

学校図書　中一　故事成語（矛盾・五十歩百歩）、中二　論語、中三　漢詩
三省堂　　中一　故事成語（矛盾）、中二　漢詩、中三　論語
東京書籍　中一　故事成語（矛盾）、中二　論語、中三　漢詩
光村図書　中一　故事成語（矛盾）、中二　漢詩、中三　論語

となっており、年間一度は漢文に触れる機会が設けられているとはいえ、採録されている教材の量が大変少ない。さらに、実際に現場でどれほど扱われているのかは調査を必要とするが、少なくとも教科書には漢文が取られており、授業で扱うことは十分可能であることを確認しておく。二〇一二年度より実施される新『中学校学習指導要領』では、古典を読むことを強化する姿勢が打ち出されており、漢文教育の環境が幾分改善されたことで、教員にも漢文を教える力がより求められると言えよう。

三、「私立進学校」における「漢文」の位置づけ

「漢字・漢文」に対して生徒がどのような意識をもっているのかを明らかにするため、城北中学の生徒（中一・中二）を対象に行ったアンケート（中一は三クラス一二六名、中二は一クラス三九名）の結果から見えてきた意識について、以下に述べたい。

まず「漢字が好きか」という質問について、中一では六割弱が好きだと答えたのに、中二になると四割弱に減少

している。好きだという理由は、①本を読むときに読めると楽しい、②テレビのクイズ番組で出される問題が面白い、③コンパクトに文章を書ける、④中国が好きなどがあげられた。「テレビ番組」という面では、ここ数年の日本語ブームで漢字や日本語を扱う番組が増えたことも一因であろう。一方、嫌いだという理由は、①覚える手間、②意味がよく分からない、③書くのが面倒くさい、④ケアレスミスが多いからなど、仮名にくらべて書くという物理的動作が多いことをあげた者が目立った。これらはパソコンや携帯電話など、気軽に文字を送れる環境が整ったことの弊害とも言えるだろう。

次いで、漢字の学習法についてだが、「漢字を学習するときは、書きながら覚える」と回答した生徒が、中一が八割弱、中二が七割弱と予想より高かった。毎週漢字テストを実施していた環境もあるだろうが、覚えるためには書くことが有益だということを生徒が理解し、実践している様子が伺える。一方で、残りの生徒は書き写すことなく覚えようとしていることには驚きを禁じ得ない。おそらくは書くことが面倒くさく、眺めるだけで覚えた気になってしまうのではないかと思う。

漢字学習では、「読み方に注意して学習する」生徒が中一で八割弱、中二で七割弱と高い割合でいる一方、「成り立ちや意味を考えながら学習する」生徒は中一で二割強、中二で三割弱とかなり低い。ただし、成り立ちや意味を学習する生徒の割合で、中二が中一を上回っているは、学年が上がって漢字を覚えるときに、一字一字を本質的に理解した方が効率がいいことを理解したからではないかと思われる。

「書き順に注意して学習する」生徒は中一で三割、中二で三割強とどちらも少数で、「字を書ければ書き順などうでもいい」と考える生徒が少なくないことを示している。

このように多角的に質問してみたが、結局生徒が考える最も好ましい漢字学習方法は、「ひたすら書いて覚える」方法であった。その割合は、中一の四割強、中二の五割強に上る。一方で、「成り立ちや意味を考えながら覚える」のがよいとした生徒は、中一で三割、中二で二割弱であった。中一の時から一気に下がるのには、理想ではそうしたいが、結局書いて暗記しないと、点数を取ることができない現実を知らず知らずに学んでしまっているからではないか。この結果には出題する側として大いに反省せねばなるまい。

最後に漢文を学習してみての生徒の感想に触れたい。①割と簡単、②どうにか理解出来る、と回答した生徒は、中一で七割強、中二で四割弱であった。これについては、私自身思い当たる節がある。中一では、先に述べた実践を行いながら漢文の授業を進めたが、中二では、時間数が少ないこともあり、駆け足で教材を終わらせてしまったからである。

しかしながら、漢文に対する意識を見てみると、「学ぶことも興味深く、積極的に学びたい」という中一は二割強、中二も二割強と同様であった。大きく差がでてきたのは、「学ぶことは楽しいが、必要を感じない」という中一が五割弱で中二の三割弱とだいぶ差がついた。同様に「学ぶことは楽しくないが、必要なので学ばざるを得ない」という中一が二割強、中二が四割弱とこちらも差がついた。「全く学ぶ必要を感じない」とする中一は一割弱で、中二は一割強であった。後の三つの回答結果から、中学二年生になると、学ばざるを得ないから、とりあえずやっておくしかないという思いで学んでいる生徒が増加している様が見て取れる。中学一年生も、学ぶことは楽しいようだが、その必要性については、疑問を持っている様子が露呈したと言えよう。

四、成果と課題

これまでに述べてきた実践報告は、六年間勤務した城北中学校での授業実践を中心にまとめたものである。城北中学が受験を経て集まった生徒を対象に授業を行う一方、他の多くの中学校では、授業以外の校務に追われ、準備に十分な時間を割き難い現状があることを踏まえると、私の実践報告は汎用性が乏しいという指摘もあると思われる。現にそういった中学校で充実した漢字・漢文教育を行っていくことがいかに困難を極めるかと言うことを耳にして、自らの恵まれた状況を再認識させられることも少なくない。

しかしながら、どんな状況であれ、教員として生徒の知的好奇心を引き出すことが出来たときの喜びは、何物にも代え難いものであることには異論はないであろう。私自身も、引き続きよりよい授業を目指して模索している最中である。中学生という多感な時期に、漢字・漢文が意外と興味深いものだということを感じた生徒が高校に進学すれば、高校における漢字・漢文教育もより充実したものになっていくに違いない。小学校と高校の架け橋として、中学校における教育は大変重要になってくる。

進学校では最終的に大学受験があり、先のアンケート結果でも明らかなように、学年が上がると「(受験で)必要だから、とりあえず学ぶしかない」と考える割合が上昇してきた。この結果は、合理的な思考の発達とみることもできるが、まだまだ私自分の力不足から生徒の興味を十分引き出し切れていないことを痛感させられた。昨今の日本語ブームにのって、メディアでも難読熟語が紹介され、漢字の知識を問う番組が日々放送されている。これらは、漢字・漢文教育に対する世間の追い風と言えるだろう。この追い風を利用しない手はない。テレビ番組に負けない漢字をめぐる活動を考案し、ただひたすら書かせるだけの漢字教育を変えていくことは、現場の教師全員に課せられた課題といえよう。

漢文教育に関しては、効果的な導入方法を継続して模索していきたい。ご意見を賜れれば幸いである。また、アンケートに協力いただいた城北中学生徒諸君をはじめ、様々な面で支援いただいた城北学園の皆様にお礼を申し上げる。

【注】

（1）『城北小史』（城北学園五十周年記念誌編集委員会、一九九一）による。深井氏は東京大学古典講習科で学んだ儒学者でもあり、府立四中では四十年もの長きにわたり校長を務め、「四中の深井か、深井の四中か」と言わしめるほどの名物校長であった。

（2）『東京都内私立中学校・高等学校案内（付：東京都内小学校案内）』（東京都私立中学高等学校協会・二〇一〇）による。

（3）第二章第一節「国語」第二「各学年の目標及び内容」〔第三学年〕の〔伝統的な言語文化と国語の得失に関する事項〕ウ漢字に関する事項に、「（ア）第二学年までに学習した常用漢字に加え、その他の常用漢字の大体を読むこと。（イ）学年別漢字配当表に示されている漢字について、文や文章の中で使い慣れること。」とある。

（4）白川静氏の著作は枚挙に暇がないが、その功績を中学生が知るには、『白川静さんに学ぶ漢字は楽しい』（小山鉄郎編・二〇〇六・共同通信社）と『白川静さんに学ぶ漢字は怖い』（小山鉄郎編・二〇〇七・共同通信社）の二冊が適しているだろう。また、入門書としては、『白川静』（松岡正剛・二〇〇八・平凡社新書）がよい。

（5）この試みでは、クラスを半分に分けて生徒に読み方を答えさせ、全員が答え終わるまでの時間を競ったり、写真を見せながらその写真の植物がどの漢字かを言い当てさせたりした。さらに、一度読んだ難読熟語を生徒の作品や意見を印刷して配布する際のペンネームとして利用すれば、さらなるフィードバックも可能だ。

（6）李軍「形成漢字への関心を喚起する授業の工夫―オノマトペの日中比較を通して―」（早稲田大学教育総合研究所紀要『早稲田教育評論』第二十三巻第一号所載、二〇〇九年三月刊）に、オノマトペに着眼した教育方法に関する論考がある。

（7）改定常用漢字表（答申）については文化庁のホームページを参照されたい。
http://www.bunka.go.jp/bunkashingikai/soukai/pdf/kaitei_kanji_toushin.pdf

（8）語彙の「彙」や憂鬱の「鬱」などが該当する。

（9）変漢ミスコンテスト http://www.kanken.or.jp/henkan/happyou.html

（10）川嶋秀之「当て字と熟字訓―その難しさと魅力」（「月刊しにか」第一四巻第五号、二〇〇三年五月刊）

（11）川嶋秀之「『当て字』の話」（「月刊しにか」第九巻第六号所載、一九九八年六月刊）による。当用漢字表（官報号外内閣告示第三二号、一九四六・十一）前置きに、使用上の注意事項「へ、あて字は、かな書きにする。」とあるのを指す。

(12) 他にも、本来漢字で表記すべきものをひらがなで表記する（「不如」を「〜にしかず」と表記）配慮も見受けられる。

(13) 第二章第一節「国語」第二「各学年の目標及び内容」〔第一学年〕の〔伝統的な言語文化と国語の特質に関する事項〕ア「伝統的な言語文化に関する事項」（ア）。

(14) この分類方法と具体例は、元筑波大学附属駒場高校教諭の鱸谷健氏に構想を得た。

(15) 現在漢文の授業で使用しているテキスト『漢文入門』（橋本浩正・一九八八年刊・桐原書店）でも、第一課「漢文を読むとは」で二字熟語を解釈させている。

(16) 北原白秋・作詩、山田耕筰・作曲の童謡「待ちぼうけ」のあることが知られる。その歌を紹介し、その歌詞を利用することも出来るだろう。

(17) 現勤務校においては、開成高校教諭清水悦男氏の手法に倣い、漢文教育の導入として、『尋常小學讀本』を利用している。

(18) 「ドラゴンボール」とは、鳥山明が週刊少年ジャンプ（講談社）に連載していた漫画である。中国や台湾でも人気で、多くのホームページが存在する。

(19) 桃花源記については、内山知也「『桃花源記』の構造と洞天思想」（『大東文化大学漢学会誌』第三〇巻所載、一九九一年三月刊）を授業の参考とした。

第四章

漢文教育における漢字・漢語の発展的習得

政岡　依子

一、多義性を認識させる「漢文」

漢文学習の負担が取沙汰されて久しいが、漢文嫌いを作る要因は何処にあるのであろうか。『高等学校学習指導要領解説』（平成十一年十二月・文部省）第3節国語総合で、「エ、文語のきまり、訓読のきまりなどを理解すること」とあり、「『訓読のきまり』とは、漢文の訓読に必要な返り点、送り仮名、句読点などに関するきまりをい」い、「教材の訓読に必要な範囲内で適切に行う」ことと解説している。一般的に、「訓読のきまり」が過重な負担となり、漢文を敬遠する大きな要因と捉えられているが、中学生や国語（特に古典）を苦手とする生徒たちも、返り点等のトレーニングや句法の例文演習では脱落しない。寧ろ好んで取り組むといっても過言ではない。ところが、現実の漢文を目の前にした途端に読めなくなり、意味が解らなくなる。躓きの発端は、漢文教材において初めて出会う漢字の読みの複雑さと、常用漢字表に従った限定的な訓読みを用いた漢字習得に影響されて固定化した意味しか想起できないことにある。これはルビを増やすことで解消される性質のものではない。つまり、漢字・漢語習得という目標とそのための方法をしっかりと立てて授業展開することが、漢文嫌いを作らないことに寄与すると考えられる。

多くの漢字は複数の意味を持ち、本来、訓読みはその字義の特定を伴っていた。ところが、現行の常用漢字一九四五字の大半が一つしか訓を持たない現状（訓読みが複数定められているのは二〇〇字を超えず、そのうち字義が異なることを示しうるのは二〇字前後しかない）は、そのことにさえ気づかせない。[1] その結果、限られた訓読みで習得した限定的な字義以外を学習者が想起することは難しく、内容把握において混乱を生じさせる大きな要因となっている。

また、漢文訓読においては、常用漢字表には載せられていない字訓を用いることが多い。そこで、教科書本文に字訓がルビとして付されているが、ここで字義を意識させなければ、字訓は例外として認識され、常に例外だらけの教材が学習者の眼前に広げられることになってしまう。これでは学習意義は見出しにくく、漢文が敬遠されるのも無理はない。

漢文訓読は一つの翻訳体系であるため、訓読を通じて漢字の音読み・訓読みを再認識させ、字義を考えさせることが比較的容易である。常用漢字表外のものが頻出する漢文教材における漢文訓読は、学習者にとって、常用漢字という枠にとらわれずに漢字の多義性を認識する良い機会となり、発展的な漢字・漢語の習得へとつながる。これを、漢字・漢語の習得は「暗記」という姿勢から脱却し、その解析技術・能力を身につけるまたとない機会と捉え、「考える」授業を構築する礎とすることを、本稿において提案したい。

二、「現代文」における漢字・漢語習得の現状と問題点

漢文教育について論じる前に、従来漢字・漢語の習得を担っている現代文の現状について確認しておく必要があろう。

常用漢字一九四五字という基礎を固める高校生の時期に、字義の組み合わせで未知の漢語の意味を推察する技術・能力を身につけさせることは、飛躍的に習得語彙を増加させ、学習者のその後の言語生活の発展につながるものとなる。そのため、『高等学校学習指導要領解説』（平成十一年十二月・文部省）に唱える「国語の表現や理解をより的確にし、言語生活に対する認識や愛情を育てることを主眼として行う」ことを、現代文教材における漢語の習得による語彙の増大という観点から見た場合、その重要性は計り知れない。しかしながら、高等学校現代文の授業においては、教育者・学習者双方の要請により、内容把握や考察・鑑賞に力点が置かれがちなのも事実である。中学検定教科書に掲載されている作品との隔たりは、分量・難度ともに容易には埋め難いものがあり、一読しただけでは掴みきれない論理展開を紐解くための少なからぬ時間を確保しなければならない。また、「国語総合」の導入以来、「表現」が獲得目標能力の大きな部分をしめるようになり、小論文・プレゼンテーション・ディベート等を授業に組み込む必要が出てきている。勢い、漢字・漢語の習得は、自学自習の方向に向かわざるを得ない。

ところが、その自学自習には、学習者を取り巻く二つの環境要因が、学習意欲および効果に影を落としている。

第一に、高等学校現代文においては、漢字の習得は常用漢字表に準拠していることが原則であり、そのため教科書では常用漢字表外のものにルビが付され、学習者にとって覚えなくてよいものという印象を与えていることである。しかしながら、常用漢字表外の漢字を用いつつも、読解のポイントとしては語意の把握が不可欠であったり、

日常生活に頻出する語彙であるものも少なくない。要するに、漢字は書けなくてもよいが、漢語としては習得しなければならない類である。改訂ごとに差し替えとなることが多いが、現代的な問題をとりあげた評論教材では頻出する。

第二に、語意を調べる場合、国語辞典を用いて一単語としての意味を捉えるため、単語を構成する漢字各々の字義とその成り立ちを認識する機会が少ないことである。常用漢字表外の漢字にふられたルビはこの傾向を推し進めている。読みが解ってしまえば、漢和辞典を引く段階すら経ることはない。さらに、電子辞書（手書き入力）の普及は、漢和辞典を引く段階を経てさえ、漢字を分析的に把握し習得する機会を失わせている。例えば、「標榜」という語彙を習得する過程で、音を担う部分「票（ひょう）」や「旁（ぼう）」を認識することは、「漂」とのつながり、ひいては「瓢箪」の「瓢」や「剽軽」の「剽」へ、同じく「傍」とのつながり、ひいては「膀胱」の「膀」へと、新しい漢字の読みが「わかる」ことへ発展していく可能性を有しているはずである。しかしながら現状ではそれが著しく低下している。

以上の点から、高等学校現代文の現状では、漢字の多義性や熟語の成り立ちの習得を指導する（課する）ことには、有形無形の困難が伴い、発展的な学習につなげる機会が得られにくいのである。

三、漢字・漢語の発展的習得

いかにして、それぞれの漢字が表す字義を意識させるか。訓読が翻訳に直接的につながることを実感させられるか。その延長としての漢語の発展的習得を図るためには、どのような授業目標と方法が必要か。

過去にも繰り返し教科書に採録されており、現在は、筑摩書房『精選古典漢文編』および大修館書店『古典2』

に採録されている文字数三一〇の「愚公移山」（『列子』）を例にとって、述べてみたい。

太行・王屋二山、方七百里、高万仞。本在二冀州之南、河陽之北一。北山愚公者、年且二九十一。面レ山而居、懲二山北之塞、出入之迂一也。聚レ室而謀曰、「吾与レ汝畢レ力平レ険、指二通予南一、達二于漢陰一。可乎。」雑然相許。其妻献レ疑曰、「以二君之力一、曾不レ能レ損二魁父之丘一。如二太行・王屋一何。且焉置二土石一。」雑曰、「投二諸渤海之尾、隠土之北一。」遂率二子孫一、荷担者三夫、叩レ石墾レ壌、箕畚運二於渤海之尾一。

隣人京城氏之孀妻有二遺男一、始齔。跳往助レ之。寒暑易レ節、始一反焉。河曲智叟笑而止レ之曰、「甚矣、汝之不恵。以二残年余力一、曾不レ能レ毀二山之一毛一。其如二土石一何。」北山愚公長息曰、「汝心之固、固不レ可レ徹。曾不レ若二孀妻弱子一。雖二我之死一、有二子存一焉。子又生レ孫、孫又生レ子。子又有レ子、子又有レ孫、子子孫孫、無二窮匱一也。而山不二加増一、何若而不レ平。」河曲智叟、亡二以応一。

操蛇之神聞レ之、懼二其不一レ已也、告二之於帝一。帝感二其誠一、命二夸蛾氏二子一、負二二山一、一厝二朔東一、一厝二雍南一。自レ此冀之南、漢之陰、無二隴断一焉。

筑摩書房『精選古典漢文編』（高等学校二年配当）では、七七文字にルビが付されており、置き字一一文字、同教材内に重複して登場しているためにルビが省略されているものが四四文字ある。大修館書店『古典2』（高等学校三年配当）では、ルビの付されているもの五七文字、置き字一〇文字、重複によるルビの省略一一文字である。ルビの付されているものの数に大きな差が出ているのは、「国語総合」もしくは先に配列されている教材に出ているはずの、「之（の）」など頻出する助字にルビを付しているか否かの違いによるものである。また、置き字の数に異同があるのは、本文中「懼其不已也、告之於帝」の「也」の処置に差が出ているためである。いずれにしても、筑摩書房で約四〇%、大修館書店でも約二三%の文字が、「読めなくてもかまわない」「例外の」文字として提示されている計算である。

ルビは、概ね、常用漢字表に載っていない字訓に付されているが、それらは、①助字や句法に関わるため頻出するもの、②高等学校の漢文教材において繰り返し登場する可能性が高く、漢語の成り立ちや字義の認識に寄与するもの、③字訓をつけなくても（音読みでも）文意を取ることが可能なもの、④文意を取るためには字訓が有効であるが汎用性の低いもの、に分類できる。

字訓のルビのうち、①にあたるのは、

「之（の）」「且（まさニ〜す）」「也（なり）」「曰（いハク）」「与（と）」

「乎（か）」「不（ざ）」「能（あたハ）」「如何（いかん）」「且（かツ）」

「焉（いづクニカ）」「可（べカラ）」「若（しカ）」「固（まことニ）」

「雖（いへどモ）」「而（しかモ）」「自（よリ）」。

②にあたるのは、

「本（もと）」「吾（われ）」「汝（なんぢ）」「遂（つひニ）」「往（ゆキテ）」

「易（かへテ）」「応（こたフル）」「懼（おそレテ）」「已（やメ）」。

③にあたるのは、

「居（をリ）」「尾（すゑ）」「墾（ひらキ）」「壌（つち）」「跳（をどリ）」

「毀（こぼツ）」「陰（みなみ）」。


漢文訓読に密接に関わる①については、句法など別の要素が関わっているので、本稿の目的である漢字・漢語の発展的学習の対象とはしない。但しここでも、漢字の「読み」は固定化されたものではなく、漢字のそれぞれの働きに対応して変化することを確認しておきたい。

その一 ~字訓を利用した字義の確認

漢字・漢語の発展的学習の対象としては、まず、②を活かすことが求められる。

第一に、当該字義を表して現在用いられている漢語を提示すること。第二に、その他の字義を表して用いられている漢語を提示し、前者と比較すること。第三に、それぞれの漢語の成り立ちや同訓異義の漢字を把握する展開を図ること。これらの作業を経ることによって、それぞれの漢字が複数の字義を持つこと、その字義に従って字訓が存在し、訓読に用いられていること、そして漢語の意味はそれを構成する一字一字の字義の組み合わせから成り立っていることを、学習者に感得させる。

例えば、「往(ゆク)」に対して、「往復」や「往来」を提示し、これらの漢語が「ゆき」と「かえり」、「ゆく」と「くる」のように対義語を組み合わせて成立していることを確認する。

「易(かフ)」には、「貿易」「改易」に加えて四字熟語「不易流行」を提示し、古文教材との繋がりを感じさせる。また、漢文教材の背景知識として「易姓革命」を紹介し、中国王朝の変遷について説明することもできる。その過程で、常用漢字表にある「やさシイ」という訓では見えなくなっている字義がもともと存在し、現在も用いられていることに気付かせたい。次いで、「やさシイ」につながる訓読み「易(やすシ)」を示し、「安易」「難易」を提示して、字義が複数存在することやそれらの字義に字訓が対応していることを確認させる。「安易」が類義語を、「難易」が対義語を組み合わせて成立していることは簡単に見極められる。このような過程を踏むことで、漢文が過去のもの・孤立したものとしてではなく、現代日本語とも密接に関わりあうものであることが実感できる。このとき、音読み「エキ」「イ」が字義と連動していることに触れて、学習者自身に漢語の実例をあげさせることが効果的である。余裕があれば、「易（おさム）」「易（あなドル）」もあわせて示す。

さらに、同様の例を指摘して、漢字が複数の音訓を持つことが異例ではないことを実感させたい。前述の分類からすると④にあたるが、「塞（ふさガリ）」は「閉塞」「塞栓」という漢語に用いられる動詞としての訓読みであり、「要塞」「塞翁馬」に用いられる名詞としての訓読み「とりで」と区別され、それぞれ音読み「ソク」と「サイ」が対応している例として紹介できる。

これらの指摘は、一つの漢字に複数の読みがある理由を説明しており、漢字の多義性を認識する機会を早く持つことは、円滑に漢文学習を進める上でも非常に重要である。字訓を字義と意識的に連動させて提示することは、内容理解への寄与のみならず、覚えやすく、応用しやすい知識を蓄積することにつながる。

また、「応（こたフ）」に、「応対」「応答」を提示し、これらの漢語が類義語を組み合わせて成立していることを確認するとともに、「対（こたフ）」の字訓が頻出することに触れる。覚えることを課すか否かは学習者の状況によるが、複数教材のつながりや現代日本語との関わりを示す上で必要な情報であり、訓読が例外の連続ではなく合理的に字義を反映したものとして示す一例となる。

以上のような手順を踏んで訓読を進めることにより、未知の漢語に対して、習得した字義をもとに「考える」ことで、かなり正確に意味を推察できることを実感させ、漢字・漢語の習得効率を飛躍的に伸ばすことができる。

その二～字音を活用した現代語訳

現代文のみならず漢文においても、ルビ過多の教材は「考える」習慣を奪う。字訓のルビが付されていれば、その読みをそのまま用いて現代語訳することは可能である。その結果、前後のつながりを考慮しない逐語訳が生まれたり、まがりなりにも現代語訳できているのに、内容を聞くと答えられない等という不可思議な現象が生じるのである。字訓を覚えさせる必要性はない。但し、字義の習得が有効かつ不可欠であることは漢文学習に限らない。そこで、内容把握（現代語訳）を主眼にした授業を展開し、字訓のルビが付されていない漢文教材（場合によっては字訓に関わる送り仮名を省くことも効果的）を学習者に提示して、「考える」習慣をつけさせ、漢字・漢語の習得を促す方法も有効である。これには、③を活用できる。[2]

では、字訓のルビが付されていない教材に、学習者をどのように対処させるべきか。内容把握（現代語訳）という目的に限れば、字訓がわからないものについては「音読み」をさせることが、大切な手順となる。先にも述べたように常用漢字表にある限られた字訓では、漢字の多義性に対応できないだけでなく、異なる意味を想起させて内容把握を困難にする場合が多い。「命」を「いのち」と読んでしまい、「運命」などの意味に想到することを阻害するような類である。その点、音読みは多くの場合学習者を内容把握の点でニュートラルな状態に保つことができる。このとき、文構造の維持に留意しなければならない。述語に用いられている場合には、サ変動詞「ス」をつけて動詞としての働きを明確にしたり、「タリ」をつけて性質・状態を表すことだけを示しておく。副詞句であれば、「～ニ」の形に置く。そのうえで、文脈に沿って内容を考えさせるのだが、当該漢字を含んだ漢語を当てはめて現代語訳させると良い。漢語サ変動詞は多くの意味分野で用いられているためふさわしい訳語を見つけることが比較的容易であることと、サ変動詞の語幹として当てはまる二字の漢語を探す過程で、自然に文意を「考える」こととなる。[3]

この作業の利点は、数多くの未知の字訓を用いるルビに頼った訓読文から現代語訳するよりも、学習者が自力で内容把握を行うことができ、原文との距離感が縮まることにある。結局、訓読文とは古語で綴られた古文であり、学習者にとっては、内容把握に至るためにはもう一つ別のファクターが加わっていることに他ならないからである。

例えば、「居（を）リ」は「居（きょ）シ」と読んで置き、「居住する」という訳語を考えさせる。「壌（つち）ヲ墾（ひら）キ」は、既知の音読みを用いた「壌（じょう）ヲ墾（こん）シ」という形で保留しておいた方が、学習者に自分の力で内容を考えて「土壌を開墾し」という訳語を見つけ出させることができる。辞書を引くことも大切ではあるが、自身で内容を「考える」ことなく辞書から訳語を探し出そうとする姿勢では、漢字・漢語の習得は望めない。また、「跳（をど）リ」や「毀（こぼ）ツ」は、ルビの増加によって難解な教材という印象を与えるだけで、このような字訓を付しても的確にイメージを把握することは難しい。「跳（ちょう）シ」・「毀（き）ス」の音読みで処理し、「跳躍」や「毀損」という訳語を想起させるもしくは提示することで漢字・漢語の習得につなげる方が、かけた時間や労力に対しての学習効果が高い(4)。

ルビ不要という観点から見ると、「尾（すゑ）」や「陰（みなみ）」も該当する。特に「陰」は、「漢之陰」つまり漢水という「川」に対しての「陰」であることから「みなみ」の意味が生じているのである。同様に「山」に対しての「陰」が「きた」の意味を示す（中国地方の「山陰」の位置を確認させる）ことを考えれば、伝統的に「みなみ」と訓じていたにしても、高等学校漢文教材における「陰」の字訓として「みなみ」とルビを付すことは不適切であろう。また、「漢陰」という語が同教材の前半部に既出しており、語注も用意されているのであれば、ルビを付して初出の印象を与えるよりも、同様の内容を示す語を本文中から探させる方が内容把握という点からも効果的である。

以上の例からわかるように、「音読み」と現代語訳を直結させることによって漢字・漢語の習得を図るこの学習の成果は、特に動詞において顕著に現れる。教材を作成する際には、このことを念頭に入れ、述語を中心に削除できるルビを抽出するべきである。効果的にこの作業を配置することにより、漢文を敬遠する主たる要因となっていた字訓のわからない漢字が、内容を示す手がかりとして役立つ要素に変身するのである。さらに、学習者にとって文脈をたどることが現代語訳の前提となり、逐語訳を減少させる。その結果、ルビや語注・辞書に頼らなくても自力でアウトラインが把握できるという自覚が持たせることができる。何よりも、自身の持てる語彙を探り、字義を組み合わせるなどして、語意を「考える」習慣をつけさせることになり、漢語の発展的な習得へとつなげられる。

また、漢語の成り立ちを「考える」ことで、辞書に載っていない語の意味も「わかる」経験を積ませることができる。例えば、『荀子』性悪説の中に登場する「犯文乱理」は、互文である。本文中にでている「文理」に注目させ、「文理が犯乱（濫）する」（主語・述語の関係）という成り立ちに気付かせる。ここに至れば、語意の把握は自分の力でできる。互文という構造を捉えて語意を「考える」ことを有効に示すことができる例である。日常用いている「日進月歩」や「離合集散」などが、「日月、進歩する」（修飾・被修飾の関係）や「集合と離散」（対義語関係）という成り立ちであることを確認させると、学習者の興味・関心を引き出しやすい。四字熟語の中で互文構造のものを探してその成り立ちを説明させるという課題は、学習者が主体的に「考える」契機となり、その後の発展的な漢語の習得を促す効果が期待できる。実際、この課題において生徒が発表したものには、「天変地異」や「東奔西走」などのほかに、『水滸伝』が出典となる「歓天喜地」のようなものまでみることができた。

その三〜漢字の分析的把握（漢字の音を「考える」）

さて、ルビの付されていない教材を用いての「音読み」・サ変動詞化の過程では、常用漢字表外の未習漢字も多く登場するが、これが、漢字の音符と意符について再認識させ、活用させるよい機会ともなる。音符と意符という捉え方は、小学校で漢字の成り立ちを学習したときに紹介されている。しかしながら、教育漢字の学習過程で、また常用漢字一九四五字に限られた現状で、字音や字義を分析的に把握・学習するメリットを学習者が実感することは少ない。未習文字に出会う可能性の低い限られた範囲では、それぞれの字形を一つの塊として全体的に把握していたとしても、学習効果に大差がないからである。その点、漢文教材での「音読み」訓読は、漢字を分析的に捉える効果・効率が容易に実感できる。

前述の「愚公移山」（『列子』）では、「迂」「叟」「蛾」などを対象にすることができる。「迂」には、「宇宙」の「宇」、「紆余曲折」の「紆」を並べることで、音符「于（う）」を認識させるとともに、「迂遠」という類義語を重ねた漢語を提示して、字義を確認する。このレベルでの漢字の習得は、一つ一つの文字単独で行われるよりも、その文字を用いた漢語を通して行う方が実用的である。「叟」では、「捜」や「痩」を並べて、音符「叟」を、「蛾」では、「飢餓」の「餓」、「俄然」の「俄」、「鵞鳥」の「鵞」を並べて、音符「我」を認識させる。「俄然」や「鵞鳥」などは、常用漢字表外の漢字を用いてはいるが、読みがわかりさえすれば容易に語意が把握できる類のものである。

未知の漢字に出会ったときに、即座に「わからない」漢字として辞書を引いたり、他者に聞いて読みや意味を知るのではなく、「考える」。考えることによって、漢字相互のつながりが見えるようになり、字音や字義を分析的に把握・習得する習慣ができてくる。漢字や漢語は、既知のものと未知のものの二極にすっぱりと分けられるのではなく、「考える」ことで未知のものも「わかる」ことが可能となる場合が少なからず存在する。これこそが、漢字の本来持っている「ことばの力」といえる。その「力」を活用して、何物にも頼らずに自力で「わかる」経験は、学習者に強い自己肯定感を与える。この延長線上に、漢字・漢語の習得意欲の向上が期待できるのである。

まとめに～連携する「漢文」

漢文に充てられる時間にも限りがある中で、漢字・漢語の発展的習得という新たな目標を組み入れることを危惧する向きもあるだろうが、訓読が一つの翻訳体系であることを考えれば、この目標は本来備わっていたものを顕在化させるに過ぎない。この方法に費やす時間についても、一つの教材でかかる時間だけを比較するのではなく、年間もしくは高等学校全体のカリキュラムを通して見れば、毎回未知のものとして登場していたものが、既知のものとなる、もしくは「考える」だけでわかるものが蓄積されていくという過程で、十分に吸収可能な時間と考える。

但し、各教材において、前述の②や③に該当するものの特定とその扱いの範囲については、従来の漢文に課せられている学習目標とのバランスを図り、十分な吟味が必要である。これを、教師個々人の教材研究に委ねるのではなく、教科書の「学習の手引き」や「注」に組み込むことで標準化したい。目標として明確化することは、同じ教材を用いれば同様の獲得語彙が期待できることにもつながる。

標準的な高等学校漢文のカリキュラムに、以下のような習得目標を組み込むことは十分に可能である。「道（い）フ」という字訓に触れることにより、現代日本語の中では認識できなくなっていた「道」の字義の一つを知り、「報道」という漢語の成り立ちを再認識する。「白（まう）ス」という字訓の登場が学習者を、色を表す漢字としてしか認識できなかったところから、「告白」や「独白」の成り立ちを理解するところへと進ませる。同様に、「若（ごと）シ」から「傍若無人」の成り立ちを理解する。「北（に）グ」に触れて「敗北」を、「悪（にく）ム」に触れて「憎悪」や「嫌悪」を再認識する。「悪（にく）ム」という字義で用いられる場合の音読みは「オ」となっており、常用漢字表の「悪い」の音読み「アク」とは区別されていることは、前項で触れた「易」の「イ」・「エキ」と同様の仕組みであることに気付かせたい。何故その漢字が漢語の中で用いられているのかわかる、複数の読みを使い分ける基準がわかる、これらの「眼から鱗」の経験は、漢文教材とその訓読に学習者の興味と関心を十分に惹き付けることができる。

さらに、このような漢字・漢語の習得方法を身につけさせることにより、他教科で用いる術語の成り立ちについて、そこでの学習者の理解を助けることも可能となる。物質が「融（と）」けるところとしての「融点」や、物を「放（ほう）」り投げた軌跡を現す「放物線」などは、字訓を利用した字義の確認を活用して説明できる。また、「経済」が「経世済民」から作られた術語であり、原義が「世間を経営し民衆を救済する」であることを、字音を活用した現代語訳の方法を使って「考える」のである。また、多くの漢語が明治期に訳語として生み出され、それらが現代中国語に取り入れられていったことも紹介したいところである。[5] これらの話題は、漢字の持つ「ことばの力」が漢文にとどまらず広く活用できることを感じさせ、漢文の孤立化を防止することにつながる。

以上、現代文では学習効果があげ難い分野の一つである漢字・漢語の発展的習得について、漢文教育の目標に組み込むことを提言したい。

【注】

（1）平成二十二年十一月三十日に「改定常用漢字表」二一三六字が内閣告示されたが、二〇三六訓しかこれにはおさめられていないため、本稿に述べた状況に大きな変化をもたらすものとは考えられない。

（2）田尻祐一郎氏は「〈訓読〉問題と古文辞学」（『「訓読」論——東アジア漢文世界と日本語』二〇〇八・一〇・二〇）において、「徂徠は、文字や熟語を『和語へ移』すことを『訳文』と考えるから、今現在の生きた日本語に『移』すべきだというのである。今現在の生きた日本語に『移』すには、『上古ノ先輩』の生きた『ソノ時ノ詞』である『和訓（倭訓）』は、今日の言葉から離れてよそよそしく、必要以上に重々しい語感をもってしまっているから、棄てなければならないと徂徠は言っている。」と指摘されており、訓読文が日本語でありながら十分に文意を伝えきれていないもどかしさは、時代も水準も雲泥の差ではあるが、現代の高校生が懇切丁寧にルビを施された漢文を目の前にしても文意をつかむことができないことに共通している。

（3）石井正彦氏は「漢語サ変動詞と複合動詞」（『日本語学』一九八七・二月・明治書院）において、「サ変語幹が分布している意味分野は全体で二二八分野、複合動詞が分布している意味分野は一四〇分野である。」「複合動詞の方が、サ変語幹に比べて、分布のちらばりが小さく、また特定の意味分野に集中する傾向があるといえる。」（「サ変語幹」とは二字漢語サ変動詞語幹をさす）と分析されており、二字漢語サ変動詞が汎用されていることを確認できる。

（4）加藤徹氏が「表現方法の代用品としての漢文訓読」（『「訓読」論——東アジア漢文世界と日本語』二〇〇八・一〇・二〇）において「かたい訓読」と呼ばれている型である。但し、ここで「かたい訓読」を用いる目的は、加藤氏が分析された中世以降の「原文の暗誦」「複文に便利」という要請から「かたい訓読」が多くなって来たこととは異なることを確認しておきたい。

（5）　村山吉廣氏は「漢文脈の問題──西欧の衝撃のなかで」（『國文學　解釈と教材の研究』第二五巻一〇号　昭和五十五年八月）において、「社会」「権利」「資本」「条件」「意識」など三三の漢語が「日本語から中国語に入った訳語として指摘されており、「これらは訳語として適切であったばかりでなく、訳出の方法も漢語の造語法に十分に則している。いわば漢語の造語力が巧みに生かされたものと言ってよい。」と分析されている。

【参考文献】

『高等学校学習指導要領解説』（昭和五十四年五月・文部省）
『高等学校学習指導要領解説』（平成元年十二月・文部省）
『高等学校学習指導要領解説』（平成十一年十二月・文部省）
長澤規矩也『漢文学概論』（一九五九・法政大学出版局）
田部井文雄『漢文教育の諸相──研究と教育の視座から』（二〇〇五・大修館書店）
『精選古典漢文編』（二〇〇八・筑摩書房）
『古典2』（平成十七年・大修館書店）
江連隆『必修基本漢文四訂版』（平成十年二月一日・数研出版）
阿辻哲次『部首のはなし』（二〇〇四年七月・中公新書）
阿辻哲次『部首のはなし2』（二〇〇六年一月・中公新書）

第五章

高等学校総合学科における漢字力向上のための指導法
――生涯学習の根幹を成す基礎力・活用力をつけるために――

林　教子・大村　文美

一、はじめに（研究の目的）

地元企業の就職担当者の方から、「高校を卒業したのだから、せめて日常的な漢字の読み書きくらいはできるようにしてほしい。」と言われたことがある。その企業では高卒新入社員のために、工場内にわざわざ「自動制御中」、「終日使用不可」等の注意書きを貼ったという。ところがミスが続出し、注意書きはほとんど役に立たなかった。どうやら、「制御」、「終日」といった漢字が理解されなかったらしい。漢字力は、公教育で保証しなければならない基礎学力の一つだが、このような現実を目の当たりにすると、学校教育の在り方について再考せざるを得なくなる。

本稿の研究対象である静岡県立富岳館高等学校は、全日制の総合学科である。「キャリア教育の推進」を教育目標に掲げており、実社会と関連した体験学習に力を入れてきた。しかし、その一方で、「体験さえしていれば進路はなんとかなる」と短絡的に考える生徒の増加も懸念される。実際、「知識基盤社会」と言われる現代社会に生徒を送り出すには知識と体験の両立が不可欠で、そのためには通常の各教科の指導と「キャリア教育」とを効果的に結び付けて指導する必要がある。

以上のことから、「国語科におけるキャリア教育」という視点を取り入れた授業実践を試み、その成果と課題について検証していくことにした。さらにこれらを通して、言語活動の指導法についても提言する。

二、学校の特色

富岳館高等学校は農業高校を前身とし、平成一四年度に総合学科となった。「国際教養系列」・「社会科学系列」・「自然科学系列」・「生物生命系列」・「建設デザイン系列」・「情報ビジネス系列」・「健康福祉系列」という七つの系列が設置されており、進学・就職のどちらにも対応したカリキュラムを展開している。進路状況を見てみると、農業高校時代はほぼ全員が就職していたが、総合学科に移行してからは約六割が進学（この内の約五割は専門学校）、約四割が就職となっている。進学者のほとんどが推薦入試を受験しており、一般入試での合格者は少数という特徴もある。

一方、就職先は地元を中心とした民間企業、介護福祉施設、警察・消防・自衛官等の公務員など多様である。

三、教育の課題

キャリア教育の推進と基礎学力の定着という双方の両立を図ることが教育の課題である。そのためには、各教科

における キャリア教育とは何かを考えると共に、教科の枠を超えて言語活動の充実を図ることが必要となる。

四、漢字力の実態と背景

(一) 生徒の漢字力の実態

農業高校時代から漢字指導の一環として漢字検定を取り入れてきた。漢字検定は、漢字能力を判断する一つの目安にすぎないが、生徒の漢字学習に対する動機付けとして全校生徒に受検させている。総合学科に移行後は、年間で準二級（高校一、二年程度）には約五十人、二級（高卒程度）には約十人が合格するようになった。しかし、新たな問題点も明確になってきた。それは、二級に合格したからといって、それに見合った漢字活用能力は身に付いていないということだ。昨今の漢字ブームの影響からか、生徒はクイズ感覚で漢字に取り組んでいるようにも見える。

普段の授業でも、漢字力の低さと語彙力の乏しさとが直結していると感じることがある。現在、二年次の「現代文」で夏目漱石の「こころ」を学習しているのだが、この小説が新聞に連載されていた明治時代には声に出して読まれたこともあったようなので、生徒にも音読させてみることにした。すると、「私は倫理的に弱点を持って……」という部分を、「私は論理的に弱点を持って……」と誤読するのである。「倫理」という言葉に馴染みがないため、既知の言葉で近似している「論理」へと置き換えてしまったのだろう。

そこで、漢字指導を行うにあたり、まず生徒の漢字に対する意識や勉強方法等の実態を調査し、問題点を明確にすることにした。

㈡　漢字に対する意識調査（「漢字に関するアンケート」の実施と分析）

一・二年次生を中心に、「2007漢字に関するアンケート」を実施し、その結果からわかった顕著な傾向を示す。（※〔資料二〕を参照。）

【アンケートに見られる顕著な傾向】

1　漢字を覚えるのが苦手なので嫌いだという生徒が約六割いる。

生徒の回答を見ると、「似たような漢字が多くて覚えられない」、「読み方が色々あってわからない」等がある。漢字自体に拒否反応を示す生徒が多いことがわかった。

2　約半数の生徒が、漢字が読めないために新聞の内容を十分に理解できないでいる。

漢字が読めないという理由以外にも、「家庭で新聞を取っていない」、「時事問題を知らない」という回答があげられているが、総じて文章一般を理解するのが苦手らしい。

3　漢字は一般常識として大切で、社会で生活していく上でも必要だと思っている。

ほとんどの生徒が漢字の必要性を認めている。「パソコンや携帯電話があるから無理に覚える必要はない」という意見もあるが、「パソコンを使っても、正しく変換できないから必要」という回答もあった。

4　漢字を覚える時、見ることが中心だという生徒が約五割を占めている。

漢字の学習法については、半数以上の生徒が、何度も書いて覚えるのではなく、見るだけで学習した気になっていることがわかった。また、筆順に至っては実に約七五％が注意を払っていなかった。

㈢　漢字に対する意識調査の考察と指導上の留意点

次に、アンケート調査によって明らかになった傾向と、授業等からうかがえる生徒の実態とを照らし合わせて考察し、今後の漢字の指導における留意点をあげてみたい。

1　曖昧な字を書くことについて

「顕著な傾向1」で示したように、漢字に対する嫌悪感が先行しているため、覚える際も丸暗記するだけで、漢字の成り立ちや音読み・訓読みの区別等を理解するところには至っていない。普段実施している漢字テストでも、偏や旁等の漢字の成り立ちを理解していない例として次のような間違いが見られる。

〈例〉「犠牲」→「義性」・「犠性」、「読書」→「続書」、「相談」→「想談」

また、近年「見」と「貝」の区別がつかない字が目立つようになった。このような場合、「親」、「覧」、「視」、「観」等の旁も「貝」になってしまうため、複数の漢字に波及する問題となる。女子生徒に多いマンガ字では、生徒自身は字体の違いを理解していながら敢えて同じように書いているらしい。それが癖となり、そのまま定着してしまったようである。

曖昧な字を書くことは、単に表記上の問題に留まらず、漢字の構成を理解しているか否かの問題にまで及んでくる。例えば、前述の「見」と「貝」では、旁が「見」の漢字は大抵が「見る」ことに関わる漢字で、「見」はその漢字の部首であることが多い。それを「貝」とするのでは、部首という漢字の構成要素を理解していないことになる。同時に、「貝」を部首とする漢字の理解も不十分ということになってしまう。その結果、「買」、「貨」、「費」、「財」等の漢字からわかる、「古代では貝を貨幣に用いていた」という情報も伝わらない。これは、漢字を覚える上で大きなマイナス要因となるので、漢和辞典を引いて一つ一つの漢字の成り立ちを確認させる必要がある。

2　新聞の内容が理解できないことについて

国立国語研究所の「新聞語彙調査」によると、新聞における語種の比率では、漢語の割合が約七七％にのぼると(1)いう。したがって、漢字を読めないことは、新聞を理解する上でかなりのハンディとなる。新聞に限らず、高校の教科書、書籍、雑誌、説明書等、生徒の周囲は漢字・漢語で溢れているため、文章を読むこと自体に抵抗感を持つことになる。

事実、生徒には文章の一部は読めても全体を把握することは苦手という傾向が見られるが、これは読書嫌いにも通じる問題である。読解力は、ある意味で総合力であるから、まずは漢字を覚えて語彙力をつけることから始めなければならない。読書等を通じて良い文章を読むことは、良い文章を書く基盤にもなる。「漢字力向上→語彙力向上→読解力向上→作文力向上」と結びついていくイメージを生徒にも持たせたい。

3　漢字の必要性の認識について

多くの生徒は情報機器を使いこなす為にも、漢字力が必要だという認識を持っている。情報機器に頼りすぎると手書きで漢字が書けなくなるという危機感もあり、この点は社会人と同様である。社会生活において漢字が必要なのは自明のことであるから、授業では、日本語という言語自体が漢字なくしては成り立たないということを学ばせたい。

4　筆順及び字形の問題とその指導について

漢字を覚える時に見ているだけの生徒や、筆順を気にしていない生徒は、当然、漢字を曖昧に覚えていることが多い。パソコンや携帯電話を使う機会が多い生徒にとって、漢字はもはや書くものではなく、選択するものなのかもしれない。しかし、筆順の無視は、生徒の手書きの字形にも悪影響を与えている。間違いではないが、字の形がおかしいという漢字が目につくようになった。実際に、「変」を例にあげてみる。

ここに示した「変」は、おそらく第三画から第六画を左から順に書いてしまっているのであろう。その他の漢字についても、筆順がどの程度定着しているかを確認するために、普段書いている筆順を書かせてみた。（調査は、「変」、「国」、「己」、「飛」、「必」等について、二年次生七六人に対して実施した。）以下に、目立った筆順の誤例を示す。

「変」の筆順のパターン

① 左から順に書く（八人）

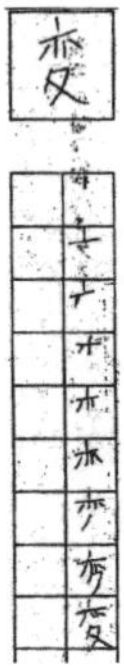

② 第四画から書き始める（三人）

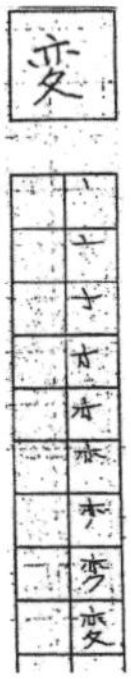

「くにがまえ」の筆順のパターン

③ 一筆でぐるりと囲むように書く（三人）

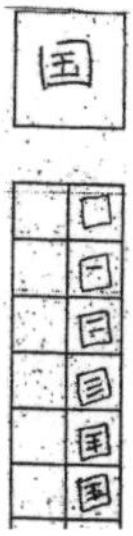

④ 第一画目は正しいが、あとは一筆で書く（二人）

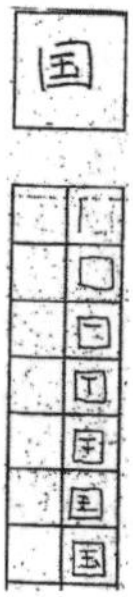

また、「くにがまえ」を一筆ないしは二筆で書く生徒は、「己」も一筆で書いてしまう傾向にあった。「必」や

「飛」などは、正しく書けた生徒の方が少なかった。

このように、生徒の中には義務教育の段階で身に付けておくべき、基本的な漢字の筆順が定着していない者が、少なからず存在することがわかった。この中には、小説の読解では鋭い感性を見せるのに、筆順はうまく習得できない生徒がいた。また、ある生徒は教科書や板書の読み取りに苦労していた。義務教育では特に指摘されてはいないが、ディスレクシア（識字障害）を疑わせるケースもあった。このような生徒たちの漢字の書き方をみると、漢字を知らない人がまるで絵図を描くかのように、筆順は無視して最終的にその形に近づけるような感じで書いていた。そこで、何度も書かせるのではなく、正しい筆順で大きくゆっくり書かせるようにすると、次第に漢字を習得していく者が出てきた。このことから、正しい筆順で書くことと、漢字の構造を理解することは相互に結び着いていると推察され、これは同時に筆順指導の必要性を示唆していると考える。したがって、「上から下へ書く」や「左から右へ書く」等の筆順の原則[2]は確実に指導しておいた方がよい。しかし、あまりにも細かい指導は、却って学習意欲を低下させる恐れがあるため、どこまで徹底させるかについては、学習者の発達の段階等も考慮して検討するべきだろう。

なぜならば、「必」のように広くおこなわれている筆順が複数あったり、「近」の「しんにょう」は後に書くが「起」の「そうにょう」は先に書く等、原則では説明できない筆順があるからだ。これらの筆順は指導上の配慮から一つに絞って示されているが、それ以外を誤りとしているわけではない[3]。この点を踏まえて、ある程度幅を持たせた指導（テストで間違いとしない、多様性を認めていることを伝える等）でよいと考えている。

これと同様のことは、「とめ・はね・長短」等についても言える。例えば、「満」や「無」の横棒はどちらが長いのかというと、実はこれは活字体のデザインの差であって、字体（字の骨組み）の違いではないので、どちらでも良いことになる。この、「どちらでもよい」は、「どうでもよい」とは異なる。本来、漢字は許容の幅を認めながら世間に広まっていったという経緯をもっている。現代社会では、筆写文字（手書きの漢字）と活字体に差が生じているという現実がある。そのため、特に、高等学校の漢字指導の場合は、数年内には実社会に出ることを考慮して、様々な字体があることを知り、使い分けていくように対応すべきではないだろうか。その一方で、「土」や「士」のように、長短の違いで別の字になってしまうものもある。これらは言うまでもなく、しっかりと区別して指導する必要がある。

㈣　漢字指導の方針

漢字の覚え方から活用法まで一貫した指導をすると同時に、漢字の文化的背景にも目を向けたい。具体的には、①漢字学習の意義（動機付け）、②漢字に関する基礎知識（漢字の特性、漢和辞典の活用）、③漢字の活用法（語彙力・作文力の向上）、④漢字の文化的背景（文化的古典的教養）という段階を踏み、二カ年計画で実践していくことにした。以下に、初年度に実施した①・②に関連した授業の実践例を示す。

なお、本稿で示した学習指導案は、「静岡県漢字漢文教育研究会」で検討を重ねて、実際に富岳館高校で研究授業を行ったものである。

五、漢字学習の意義（動機付け）

漢字の総数は約五万字とも言われているが、それでは一体、高等学校卒業までにどれだけの漢字を学ぶことになるのか。それについては、平成二二年公示の『高等学校学習指導要領』に、「常用漢字（一九四五字）(4)の読みに慣れ、主な常用漢字が書けるようになること」とある。一般の社会生活で現代の国語を書き表すための漢字使用の目安となるのが「常用漢字」であるので、最低限度この習得が求められているのだ。しかしながら、富岳館高校では、常用漢字習得レベルとされる漢字検定二級に合格する生徒はごく少数であるという実情からみて、これはかなり高度な目標設定と言える。さらには、漢字検定二級に合格したとしても、そのレベルの漢字活用力が伴っていないという現実もある。

この原因の一つは、従来行われていた生徒の自主的な反復学習と漢字テストの繰り返しの指導法にある。そこで、漢字学習の意義を明確にするために、漢字の表意性と造語力という二つの特性に着目しながら日本語における漢字の重要性を生徒に示すことにした。

まず、漢字の表意性について述べる。漢字は表語文字（表意表音文字）で、その一つ一つが音だけでなく意味をも表す。したがって、知っている漢字が増えれば、それだけ語彙が豊かになることが期待される。語彙が増えれば、読書にも親しみやすくなるだろう。さらに、漢字は意味を正確かつ瞬時に伝えるので、漢字・漢語の習得は文章表現力の向上へと結び付いていく。このように、漢字学習は、語彙力、読解力、作文力といった学力の向上へと繋がる基盤となる。

次に、漢字の造語力についてだが、漢字は一字でも意味をもつが、それを組み合わせて熟語を形成することにより新しい語を生み出すことができる。日本人は明治以降、新しく流入してきた西洋の文化や思想を、漢字の造語力を利用して正確かつスピーディーに受容してきた。「speech」を「演説」、「newspaper」を「新聞」としたのがその例である。また、接頭辞を付けて「最～」・「再～」・「大～」・「小～」としたり、接尾辞を付けて「～性」・「～的」・「～化」としたり、否定語の「不」・「無」・「非」・「未」を付けたりして、意味を多様化させることも可能だ。

これらの漢字の特性を踏まえ、漢字を学習する意義を、生徒にもわかりやすいように次の三つに整理して示し、これらを漢字学習上の共通理解事項として授業を展開していく。

①　他教科の学習に役立つ。（高校の教科書は七割が漢語⑤）
②　作文・小論文が上達する。（漢字・漢語を使えば大人っぽい文章が書ける）
③　本や新聞が読みやすくなる。（新聞は約八割が漢語）

六、漢字指導の実際

(一)　漢字に関する基礎知識（漢字の特性）

漢字の特性である表意性と造語力についての知識を身に付けさせるために、次のような「国語表現Ⅱ」の授業を実践した。（＊学習指導計画については〔資料二〕参照）

(一)－一　単元の目標について

この単元では漢字の特性を理解し、漢字・漢語を効果的に活用することにより作文力の向上を目指す。従来の漢字学習と作文指導の関係は、作文指導が主で、その補助として漢字学習をする程度であった。この単元のように、まず漢字の特性を知り、それを生かして作文力を付けるといった方法はあまりなかった。しかし、現代社会におけるカタカナ語の氾濫や、ひらがなの多用といった言語生活を見直した時、生徒に漢字の特長に気付かせ、それよってより的確な文章表現ができることを実感させたいと考え、本単元を設定した。

また、漢字に備わる、意味や情報を直接的・瞬間的に伝えるという機能を理解させるために、「外来語の言い換え例」とカタカナ語を見比べた。この学習集団は「健康福祉系列」に在籍する生徒が多かったので、用例には彼らが普段から使っている福祉関係の用語「デイサービス」を取りあげた。この言い換えとして、「日帰り介護」が提案されていると説明すると、生徒から興味深い意見が出た。彼らは実習で様々な福祉施設を訪問している。その経験から、お年寄りは「今日はデイサービスの日だ」と言うのは良いが、「今日は日帰り介護の日だ」と言うのには抵抗があるのではないか、というのだ。このことから、生徒は漢字が直接的に意味を伝えることの良い面と悪い面を、実体験に結びつけて理解できていると言えよう。

(一)―二 「指導と評価の計画」について

この単元は、全部で四時間を配当した。まずは、『国語表現Ⅱ』の教科書にある「コップの中の論争」を読み、新聞への投書という文体を理解する。そして、自分でも実際に投書文を書いてみる。その投書文を推敲し、漢字・漢語を適切に使用した文章にしていく。その結果、完成した文章のほとんどが第一稿よりも短くなり、簡潔な表現になっていた。生徒の書いた投書文は実際に投稿した。普段から、学習活動の成果は第三者の評価を求めたり、実生活で活用したりしている。そうすることで、生徒の意欲を高め、単元の目標も共有しやすくなるからだ。

(二) 漢和辞典の活用

次に、漢和辞典を活用した基礎学習の指導について述べる。これは、漢和辞典で漢字の読み、意味、成り立ち、熟語・用例を調べるという学習活動で、年間を通じて行うものである。この学習活動を通じて、同時に語彙を豊かにすることも目指す。

具体的な指導法としては、複数の教員が共通して行えるように、現在使用している漢字テキストを利用して、ワークシートに記入していくことにした。ワークシートの記入の仕方については、次のような「※記入例」のプリントを作成して書き方と留意点を示した。

この学習のポイントは、漢字の意味を分類し、その意味に合った熟語・用例を整理して書くことである。生徒には、意味とそれに対応する熟語・用例に番号を付け、明確に分類するように繰り返し指導した。なお、学習の効率を考慮して電子辞書の使用も認めたが、実際に生徒の様子を見ていると、まず電子辞書で調べて、足りないところは紙の辞書で補うというように、両方を併用している者が多かった。一度に調べる漢字は五字程度に抑え、一字一字について丁寧に調べるようにした。

※「記入例」のプリント

漢字	読み	部首	意　味	熟語・用例
与	ヨ あた（える）	一	①与えること ②仲間になること ③関係すること	①寄与・授与・給与 ②与党・与力 ③関与

留意点　①読み…音読みはカタカナ、訓読みはひらがなで書き、送り仮名は（　）に。
②意味…漢和辞典で調べて、意味を整理して書く。（番号をつける）
③熟語・用例…意味に合わせて熟語・用例をあげる。（番号は対応させる）

この学習活動で生徒が最も苦心したのは、留意点③の漢字のもつ複数の意味を整理して、それに対応する熟語・使用例をあげるということだった。この学習には、単に辞典の記述を写すだけでなく、情報を整理してまとめる能力も必要とされるからだ。だからこそ記憶にも残り語彙力としても定着するので、何度も根気よく指導していく必要がある。

このプリント学習で「見」について調べさせた際に、紛らわしい表記が目立った「貝」や「貝」を部首に持つ漢字についても調べさせた。生徒は、「貝」の第七画目の横に、「はねない」と注意書きを付けたり、「責」に「貝」がつくことについて、「借金のことで責めるから」と説明を付けたりして、各自工夫しながらノートにまとめていた。

この機会を利用して「構」・「講」・「購」を使い、意符と音符から成る形声文字についても説明した。形声文字は、漢字全体の約九割を占めるので、形声という造字法を理解すれば効率的な漢字学習が可能になる。

また、形声文字は「意符が部首となる」という部首分類法の学習にも役立つ。例えば、「問」と「聞」をあげて生徒にこれらの漢字の部首を考えさせる。生徒は大抵「門」と答えるが、「問」も「聞」も字音は「モン（呉音）・ブン（漢音）」であるので、「門」の部分が音符となる。したがって、意符である「口」と「耳」がそれぞれの部首となるのである。

さらに、もともと中国で造られたものである漢字は、その造字法において形声文字が圧倒的に多いことから、同じ漢字を使っていても、日本と中国では漢字に対する意識に差異があることを説明してもよい。その差異とは、両国を比較すると、中国では漢字の字音を日本より強く意識しており、反対に、日本では漢字の字音よりも字義を強く意識しているということである。日本で造られた国字には「峠」・「躾」・「畑」・「榊」等、会意文字が多いのもこのためだと思われる。日本語には漢字の他にひらがなとカタカナという表音文字があるうえ、中国語と日本語とでは言語構造が違うため、このような差異が存在するのは当然のことだ[6]。しかし、普段、日本語のみを使っているとこの違いに気付きにくい。そこで生徒には、現代中国語の「奥林匹克」や「奥巴馬」が何を指しているのか推測させてみた。生徒は日本語の音読みを頼りに「奥林匹克（オリンピック）」は正解に辿りつけた。もう一方の「奥巴馬（オバマ）」は難しかったようだ。正解を知った時の生徒の反応は、「一国の大統領の名前に〈馬〉の字を当てていいのか。」というものであった。実際に中国人にこの点を聞いてみたが、音訳が一般化しているためか、それほど違和感を覚えないらしい。生徒も、中国語には日本語のひらがな・カタカナに相当する表音文字がないということに気付き納得したようだった。この時、生徒から「日本語は中国語に比べて何かと便利だ」という意見が出たので、中国語にも音訳ばかりではなく、「可口可楽（コカコーラ）」のように音訳と意訳をうまく使った例があることを紹介した。

日本語にはカタカナがあるからといって安易にカタカナ語で受容してしまえば、言葉の乱れを招く恐れがあるので注意を要する。その反面、漢語に言い換えると、前項で学習した「デイサービス」のように却って使いにくくなったり、同音異語が増えて聞いただけでは区別できなかったりする。これからの言語生活においてどちらが良いかは、一概には言えない問題なのである。

七、研究の成果と課題

二〇〇七年度、漢字指導を始めるに当たって「漢字に関するアンケート」を実施した。それが一年間の指導実践を経て、どのように変化したかを調査するために、二〇〇八年三月に再度アンケート調査を実施した。以下にその概要を紹介しておく。

- 漢字が好きな生徒は、四二・一％から五四％へと約一〇％増であったが、新聞を読んで理解できると答えた生徒は、五三・三％から九一％へと大幅に増加した。
- 漢字を学習する時は、書きながら覚えている生徒が九割近くになった。その際、筆順に注意を払う生徒も約二割から約六割に増加した。
- 漢字を学習する時は漢和辞典や国語辞典を引くという生徒も四割ほど出てきた。一方で、約二五％の生徒は漢和辞書を引いても役に立たなかったと回答している。

以上のことから、少しずつではあるが生徒の漢字に対する意識は高まったと言える。しかし、その一方で、四分の一の生徒は漢和辞典を引いても役に立たなかったと感じている。その主な理由は、「辞書で調べたことをどう生かすのかわからないから」であった。実践の二年目は、調べた漢字を活用する授業を行って生徒の疑問を解消していきたい。

八、今後の課題と漢字指導の展望

本稿で示した実践は、漢字を書くことに重点を置いているものが多かったが、今後は漢字を読む指導にも力を入れていきたい。夏目漱石の「こころ」を生徒に音読させたことに触れたが、従来は、教師が読むだけのことが多かった。今回は試みとして、少し時間をかけて生徒にも音読させてみた。初めは拙かったが、単元の終わり頃にはかなりうまく読めるようになり、それに伴って内容の理解も深まっていったと感じている。今後は、古典に限らず音読に向いている教材は積極的に声に出して読ませ、同時に、文脈の中で漢字を理解させるようにしていきたい。結局、「読める」ことは、「わかる」ことに繋がるのである。

二〇一〇年六月、情報化社会に対応するために「改定常用漢字表」が答申され、同年十一月、新しい「常用漢字表」が内閣告示された。今改定により使用頻度が高く、造語力（熟語の構成能力）も高い一九六字が追加されている。その中には、「憂鬱」の「鬱」のように、手書きで書くのは困難だがパソコン等では容易に打ち出せて、しかも視覚的に認識し易いものも含まれている。平成二四年度から施行される「高等学校学習指導要領」でも、漢字学習について「常用漢字の読みに慣れ、主な常用漢字が書けるようになること。」としており、常用漢字全てを書けるようになることは求めていない。常用漢字の音訓は正しく使えるようにするが、主な常用漢字が文脈に応じて正しく書けることを求めているのである。

漢字は、社会で必要とされるあらゆる「言語活動」を支える役割を担うという一面をもっている。この「言語活動」の充実は国語科だけではなく、全教科で図られなければならない。高等学校教科書の七割が漢語であることは前述の通りだが、これは国語教科書に限ったことではない。むしろ、専門用語の多い理科や地歴公民科の教科書でこの傾向が顕著だ。[7] したがって、生徒は国語で習う以前に、他教科で新しい漢字・漢語に出会う可能性がある。ところが、生徒も教員も教科間に壁を築いていて、漢字は国語で習うものという意識が強いようだ。国語の授業では、積極的に辞書を活用している生徒も、国語以外の教科で国語辞典や漢和辞典を引くことはほとんどない。各教科の教員も、普段から使用している専門用語に慣れてしまっていて、今、自分が使った言葉が生徒にとっては未習の漢語であると意識することはないだろう。教員同士が教科の枠を超えて研修を行えば、「言語活動の充実」はより効果的に実践することができる。「言語活動の充実」なくして、キャリア教育の推進は成し得ないと言ってよいだろう。

その一方で、キャリア教育を教科指導に組み込むと、指導の焦点がぼやけてしまうという見方もあるだろう。しかし、キャリア教育を無味乾燥な知識の詰め込みや、単なる職業教育にしないためにも、各教科との結び付きは大切なのではないだろうか。例えば、キャリアガイダンス等を受けた時に、生徒が自分の内面と照らし合わせて「ピンとくる」ようにするのが国語の教科指導ではないかと考えている。

二年次に「現代文」で中島敦の「山月記」を扱った時、次のような授業後の感想を書いた生徒がいた。

一年生の「産業社会と人間」で地元企業の方の講演を聴いた。その方は、「仕事を続けていくのに大切なのは、コミュニケーション能力だ」とおっしゃった。私は集団行動が苦手なので、その時は、社会に出たら一人でやる職業に就こうと思った。

でも、「山月記」の授業をやって、それは間違いだとわかった。高校を卒業すれば集団行動から解放されると思っていたが、社会人になっても、人は人と関わり続ける。「尊大な羞恥心」と「臆病な自尊心」は、どちらも人と関わるのを避ける李徴のコミュニケーション能力のなさを表わしているのではないだろうか。人と関わることから逃げてばかりではいけない、と授業を通して感じた。

この生徒は、キャリア教育と教科指導を自分の中で結び付けている。その他にも、ひきこもり、非正規雇用等キャリアガイダンスで学んだ現代社会の諸問題と、主人公の李徴を重ねてとらえた生徒が見られた。これは、総合学科ならではのことなのか、それとも、どの高校にも共通している今の若者の反応なのかはわからない。しかし、生徒自身が自己の体験や内面に引きつけて考えるような授業展開となった。漢字・漢文指導も、読書指導も、先人の生き方や他人の人生観が、生徒の生き方に役立つように工夫していく必要がある。このようなことは既に行われているのだが、より意識的に取組むことで、「なぜ漢字・漢文を学ぶのか」という根本的な問いに答えていくことになるのではないだろうか。

九、おわりに

二〇〇八年度、富岳館高校は中国高校生訪日団を受け入れ、その後、富岳館高校の生徒が中国派遣団員に選ばれて訪中するという機会に恵まれた。これは、単なるイベントではなく、その中には多くの言語活動が介在していた。特に、訪中記をまとめるという活動は、生徒自身に語彙力の乏しさを痛感させたようだ。人生で最大と言ってもいいような体験をしたのに、「とっても楽しかったです」としか表現できない自分を変えたいと思ったらしい。

このような特別な体験だけではなく、普段の学校教育の中でも生徒の言語活動に刺激を与え、語彙力や読解力を向上させたいと考えている。最近の生徒を見ていると、知的な「背伸び」をしなくなったと感じる。文章を書くにしても読書にしても、ちょっと難しいものに挑戦してみようという意欲に乏しいのだ。生徒自身が「背伸び」の仕方がわからないのであれば、まずは漢字・漢語を使ってみることを提案したい。

〔資料一〕

資料一

国語科　２００７年７月実施

漢字に関するアンケート

アンケート対象…平成19年度1年次生・2年次生
アンケート総数　247人

1　次の質問について「はい・いいえ」を選び、その理由を答えてください。

1－1　あなたは漢字が好きですか。

はい　(42.1%)

理由　①覚えるのが楽しいから　(35人)
②漢字の成り立ちがおもしろいから　(33人)
③その他
・漢字を書くこと自体が好きだから。　(５人)
・漢字の形が好きだから。　(3人)
・漢字を覚えると難しい本なども理解できるようになるから。　(3人)
・ひらがなだけの文章より読みやすいから。　(3人)

いいえ　(57.9%)

理由　①覚えるのが苦手だから　(96人)
②意味がよくわからないから　(22人)
③その他
・覚えるのが面倒だし、興味がないから。　(４人)
・似たような漢字が多くて覚えられないから。　(４人)
・読み方が色々あってわからないから。　(３人)
・読めるけれど書けないから。　(２人)
・字画が多くて書くのが面倒だから。　(２人)
・書き順が面倒で、書く気にならないから。　(２人)

1－2　あなたは新聞を読んで理解できますか。

はい　(53.4%)

理由　①標準的な表現だから　(96人)
②難しい読みにはふりがなが振ってあるから　(27人)
③その他
・写真やイラストなど字以外のものもあるから。　(３人)

いいえ　(46.6%)

理由　①知らない語句があるから　(71人)
②漢字が読めないから　(26人)
③その他
・新聞を取っていないのであまり読まないから。　(３人)
・書いてあること自体を知らないから、何のことなのかわからない。　(３人)
・字が小さくて読む気にならないから。　(２人)
・普段から文章を読んでいないから、読んでも頭に入らない。　(２人)

2　漢字を学習する必要性についてどう思いますか。当てはまるものを選んでください。
(複数回答可)

①社会生活を送るうえで必要　(141人)　②一般常識として必要　(207人)
③基礎学力として必要　(131人)
④パソコンのワープロ機能があるのであまり必要ではない　(６人)
⑤その他
・パソコンや携帯電話を使うと、漢字が読めても書けなくなるので必要。　(３人)
・パソコンや携帯電話を使っても、正しく変換できないから必要。　(３人)
・今、覚えておかなければ社会人になったときに困るから必要。　(３人)
・パソコンや携帯電話があるから無理に覚える必要はない。　(２人)

3　漢字の学習方法について、各質問に対して①～④の中から最も当てはまるものを選んでください。

3－1　漢字を学習する時は、書きながら覚えている。
①必ずそうだ　(23.1％)　②たいていそうだ　(58.3％)
③あまりそうではない　(15.4％)　④全くそうではない　(3.2％)

3－2　漢字を学習する時は、漢字の成り立ち(意味)を考えながら覚えている。
①必ずそうだ　(2.4％)　②たいていそうだ　(22.7％)
③あまりそうではない　(44.9％)　④全くそうではない　(30％)

3－3　漢字を学習する時は、読みに注意しながら覚えている。
①必ずそうだ　(13.8％)　②たいていそうだ　(57.5％)
③あまりそうではない　(16.6％)　④全くそうではない　(12.1％)

3－4　漢字を学習する時は、書き順に注意しながら覚えている。
①必ずそうだ　(4.8％)　②たいていそうだ　(19％)
③あまりそうではない　(45.4％)　④全くそうではない　(30.8％)

3－5　漢字を学習する時は、漢字を見ることを中心にして覚えている。
①必ずそうだ　(12.1％)　②たいていそうだ　(40.5％)
③あまりそうではない　(38.1％)　④全くそうではない　(9.3％)

〔資料二〕

国語科　国語表現Ⅱ　指導案（書く）

静岡県立富岳館高等学校
授業担当者　　林　教子

1　**単元名**

「言葉の性質をとらえ、わかりやすい文章を書く。」（４時間）

2　**生徒の実態**（３年次　生物生命・情報ビジネス・健康福祉各系列選択

在籍　22名《 男子５名、女子17名》）

○　本学習集団の生徒は、約８割が就職を、約２割が専門学校進学を希望している。

○　高校卒業後すぐに社会に出る生徒が多いため、実用的な学習に対して意欲的である。

○　１年次の「国語総合」以降、古典の授業を受けていない。しかし、故事成語や漢字の成り立ち等の古典的な教養も身につけたいと考えている生徒が多い。

○　毎時間の宿題として、各自が新聞の記事を切り抜きコメントをつけて提出している。

3　**単元目標**

○　日本語の特色である漢字仮名交じり文のわかりやすさに関心を持ち、それを自分の表現や推敲に役立てようとしている。（関心・意欲・態度）

○　投書という形式をとりながら、相手に伝わりやすい文章を書く。（書く能力）

○　日本語の表現の特色を理解し、語句や語彙の成り立ちを理解する。（知識・理解）

4　**単元の評価規準**

関心・意欲・態度	書く能力	知識・理解
①日本語の特徴に興味を持ち、それを自分の文章表現に生かそうとしている。	①漢字仮名交じり文の長所を理解し、わかりやすい文章を書くことができる。	①漢語や故事成語の成り立ちを理解し、効果的な使い方を身に付けている。

5　**指導と評価の計画**（４時間配当）

①　「コップの中の論争」を読んで、投書というスタイルを理解する。教員側が用意した新聞の読者投書欄の投書の中から自分で任意のものを選んで、それについての投書を500字以内で書く。（自分で書きたいテーマがある場合はそれを用いてもよい。）

②　漢語や故事成語を効果的に用いた文章の書き方を学び、相手に伝わる文章とは何かを考える。

③　①で書いた自分の投書を推敲し、よりわかりやすい文章を工夫する。その後、４人程度のグループに分かれてお互いの文章について意見を交換する。

④　他人の意見を参考にして、投書する文章を完成する。５～６人の生徒を指名して自分の文章を発表させ、感想を話し合う。

6　**本時の指導と評価の実際**（2時間目）

(1)　日　時　　平成17年11月16日（水曜日）　第４時限　705教室

(2)　本時の目標

・漢字の長所を理解し、わかりやすい文章とは何かを考える。

・漢語の有効な使い方を身につける。

(3)　本時の評価規準及び評価の方法

ア　「関心・意欲・態度」①　表意文字である漢字に興味を持ち、自らの文章に取り入れて表現の工夫をしようとしている。（行動の観察）

イ　「書く能力」①　漢字の効果的な用い方を理解することができる。

（ワークシートの分析）

ウ　「知識・理解」①　一般的な漢語の用い方を身につけている。

（ワークシートの分析）

(4) 本時の教材

「コップの中の論争」 (清水義範 著 「高等学校 国語表現Ⅱ」第一学習社)

本教材は、作者が「新聞への投書」というスタイルを借りて、さまざまな立場の人物になり代わって「論争」を展開するものである。伝えたい内容によって表現や文体の用い方を学ぶことが目的となるが、本時では特に漢語や故事成語の効果的な用い方に着目して、わかりやすい文章とは何かを学ぶ。

(5) 指導と評価の実際

学習活動	指導上の留意点	評価の実際
ア「表意文字」と「表音文字」について学ぶ。 ①板書の漢字の中から一つだけ「漢字」を選ばせる。 ②「カタカナ」「ローマ字」についても同様に行ってみる。 ③漢字と、それとほぼ同義の単語を並べて、意味を推測する。	①「漢字」は選べるのに、「カタカナ」「ローマ字」は選べない理由を考えさせる。 ②「カタカナ」「ローマ字」を選んだ場合も、それは視覚的印象によるものであることを確認する。 ③漢字の語彙は一般的ではなくても見ればわかるものを選ぶ。例：「乾皮症」と「xeroderma」等 ・明治時代に西欧の新しい概念を漢字に置き換えることで受容していった例を挙げて（演説・新聞など）、漢字の造語力に気付かせる。	「関心・意欲・態度」① （行動の観察）
イ 漢字の持つ造語力と情報量の多さについて学ぶ。（ワークシートを利用する。） ①外来語（カタカナ語）の漢字の言い換えについて考える。	①国立国語研究所ホームページ「外来語言い換え提案」を参考に、適当な例を選ぶ。 例：「デイサービス」と「日帰り介護」等 ・カタカナ語が定着するまでは、言い換えは有効であることと、言い換えることによって意味を確認していることを理解させる。	「知識・理解」① （ワークシートの分析）
ウ 「漢字仮名交じり文の長所を理解する。 ①文章を聞き取って全て平仮名で書く。 ②①を漢字仮名交じり文に書き換えてわかりやすい文章にする。	・全て平仮名で表記して頭の中で漢字に変換していることに気付かせる。	「書く能力」① （ワークシートの分析）

【注】

（1）『電子計算機による新聞の語彙調査（Ⅲ）』国立国語研究所（一九七二年）の一頁「語種別語彙構成素集計表」によると、和語・漢語・外来語・混種語の中では、漢語が最も多く約七七％をしめる。続いて、和語一六・四％、外来語五・五％、混種語一・二％となっている。

（2）文部省（当時）は、学習指導上、教育漢字についての筆順を「筆順指導の手びき」（昭和三三年三月　文部省編）で次のように示している。

大原則一「上から下へ」、大原則二「左から右へ」および細部の原則一～八に整理。

原則一「横画がさきの場合（十など）」、原則二「横画があとの場合（田など）」、原則三「中がさき（小など）」、原則四「外側がさき（国など）」、原則五「左払いがさき（文など）」、原則六「貫く縦画は最後（中など）」、原則七「貫く横画は最後（女など）」、原則八「横画と左払いは短い方がさき（右・左など）」

（3）同手びきの留意点に、「本書に取り上げた筆順は、学習指導上の観点から、一つの文字については一つの形に統一されているが、このことは本書に掲げられた以外の筆順で、従来行われてきたものを誤りとするものではない」とある。

（4）二〇一〇年六月、文化審議会により「改定常用漢字表」が答申された。従来の「常用漢字表」に一九六字が追加候補としてあげられ、「勺」・「錘」・「銑」・「脹」・「匁」の五字が削除の対象になった。同年十一月に新しい「常用漢字表」が告示され、常用漢字は二一三六字になった。

（5）「日本語学─特集テーマ別ファイル普及版漢字・漢語1」（宮地裕・甲斐睦朗編　二〇〇八　明治書院）所収、「現代の漢語・漢字の位相」（野村雅昭）の〈各種資料の語種比率〉による。

（6）日中を比較すると、中国では字音を、日本では字義を重視する傾向があることについては、『訓読みのはなし─漢字文化圏の中の日本語─』（二〇〇八年　笹原宏之　光文社）の三一頁「形声文字を好む中国、会意文字を好む日本」に、「中国では六書と呼ばれる造字法のうち、漢語の発音を旁によって表す形声の方法が九割近くを占めるに至った。このように形声文字が量産された理由は、部首を付加する構造とすることで漢字の用途が細分化されるだけではなく、漢字に対して字音の表示を求める中国の人の意識が形声の方法を好むことにつながったためであった。（中略）それに対して日本では、漢語とは音節に類似性の少ない固有語を、字訓として漢字に積極的に当てて行こうとする意識が醸成され、その結果、漢字に対して音よりも字義を重んじるようになった。」という記述がある。

（7）『高校教科書の語彙調査』（国立国語研究所報告七六　一九八三年　秀英出版）。この報告は国立国語研究所のホームページでも見ることができる。

第六章　工業高校における漢字・漢語・漢文の学び

石本　波留子

一、はじめに

本研究報告では、勤務校である都立北豊島工業高校(1)の現状・実践報告をもとに、漢字・漢語・漢文教育の新たな展望を探る。

ある日の二年生の授業で私が教室に入ると、後ろの黒板いっぱいに「夜露死苦」と書かれている。生徒は不敵な笑みを浮かべて挑戦的な瞳で私を見ている。また他の日は「愚零徒」と大きく書いて私を待っている。そこで、私はその都度当て字の読みをあてて、コメントしている。最近は画数の多い漢字に興味がそそられるようだ。「魑魅魍魎」「薔薇」など画数の多い漢字を書くと喜んでいる。

本校の生徒はこのように漢字・漢語が好きである。だが、純粋に漢字・漢語の学びが好きなのではない。あくまでも、見た目が「かっこいいから」好きなのである。あるいは、暗号として使えるところに魅力を感じている。したがって、彼らにとって授業で学ぶ漢字・漢語と興味のある「漢語」は別物である。本校生徒にとって「漢語」は閉塞的文字世界に遊ぶためのものだけで、知識には発展しない。

このような現状をふまえ、本研究報告では、閉塞的な文字世界を脱却し、遍く活用できる文字能力にするためにはどうしたらよいかを考えていく。

二、独自の文字世界

工業高校の男子生徒にとって「漢語」は平仮名・片仮名に比べ魅力的な言語である。しかし、あくまでも「絵文字」と同じような仲間内だけで使用できる変わった「文字ツール」としてである。日本語として興味があるのではなくではなくビジュアル面で魅力を感じるようだ。だから、授業ではとたんに興味を失っていく。「漢語」が好きだからといって、教科書の新出漢字や、検定試験用に勉強する漢字には全く興味を示さないのである。

生徒が示す「漢語」への興味は独自の文字世界で使えるか否かである。独自の文字世界を形成させる暗号化の例としては、当て字が挙げられる。当て字には二つの形式がある。一つめは「夜露死苦→ヨロシク」のように、仮名一文字に漢字一文字を当てはめていく形式である。これは見た目がかっこいいことが重要なので、画数が多ければ多いほど良いようだ。二つめは「勺力→タカ」のように仮名と似ている「漢語」を見つけだし、読ませるような暗号化である。これらはメールに多用され、仲間以外には簡単に解読できない独自の文字世界を形成していく。

ここで問題なのは、生徒にとって「漢語」は「絵文字」と同様の認識しかないということだ。携帯電話の普及によりメールによる独自の文字世界が形成されているが、これは閉塞的文字世界の暗号にすぎない。したがって、国語能力につながっているわけではない。難漢字を使用するとしても携帯電話で変換機能を使用して、画数の多い見た目が一番かっこいい漢語を選び出しているだけなので、その漢字の書き順や意味、日本語としての使用方法は全く理解していない。音読と訓読があることさえも知らない。将来的に自分のものとして使用できるような知識としては全く身についていない。そこで知識として教授しようとすると、途端に毛嫌いしてやらなくなるのが現状であった。

三、国語科に求められること

本校はいわゆる教育困難校で、学力、家庭環境ともに問題を多く抱えている。[2] 国語能力も、きわめて低く、[3] 一年生の時は五十音図もままならない。[4] 授業を成り立たせるのが大変な現状である。生徒は授業を受ける習慣が身についていないため、五十分落ち着いて座って授業を受けることに苦痛を感じる。そのため座学の普通教科は嫌悪されている。

このような環境で本校国語科に求められるのは「就職して社会で役立つ能力を身につけさせる」ことである。本校生徒はほとんどが就職希望である。そのため、まず就職活動に必要な履歴書を「書く力」や面接で受け答えられる「話す力」が求められている。さらに就職した後、機械などの説明書やマニュアルを「読解する力」や人間関係を構築する「コミュニケーション能力」を習得させることが求められている。生徒が将来自立するために必要な「生きる力」と、求められる「国語力」は密接に関係している。これらの能力を身につけさせるために、まず授業を成立させるのが第一優先である。そこで求められる授業は、わかる授業・意欲を引き出す授業・楽しい授業である。

わかる授業をするためには、生徒のレベルを見極め、生徒の関心を引き出さなければならない。教科書一辺倒ではない、興味のある身近な素材を用いることが必要である。このような現状の中で、生徒が魅力を感じる文字ツール「漢語」を国語教育の一つの柱とすることは生徒の興味喚起においては非常に有効である。ここで重要なのが閉塞的文字世界から脱却し暗号化された「漢語」の興味を発展させることである。次に遍く漢字・漢語・漢文の学びに連関させることができた実践授業を紹介する。

四、授業実践―愚零徒茶茶そこんとこ夜露死苦―

私が教室に赴くと、黒板に「愚零徒茶茶　夜露死苦」と書かれている。生徒曰く「茶は英語でティー、漢字の読みはチャ、だから茶茶→ティーチャーなんだよ。」愚零徒茶茶とはありがたい称号である。この機会を生かし「夜露死苦」を用いて授業に連関させた。

教師（＊以下T）「これは、ヨロシクと読むんだよね、よく考えついたね」

生徒（＊以下S）「よくあるよ（自慢げに）」

T「そうですか！　では、これを漢文の書き下し文にできますか？」

S「書き下し？　何それ？」T（書き下し文の説明）

S「日本人がわかりやすいように読むの？」

T「そうです」S「うーん、あっ　よるつゆのなかで苦しんで死んだ」

T「なるほど露はつゆとも読むね」

S「夜　露出狂が死んで苦しい」S「（笑）…下ネタ減点だあ」

（注：ほとんど男子生徒なので、毎日下ネタが飛び交う。そのため普段は下ネタ減点といって、あまりにひどい下ネタを注意している）

T「おっ！　でも露出狂の露によく気がついたね！　露出狂の露ってのはどういうこと？」

S「うーんと、全部バッて出しちゃう」S「（笑）」

T「そうです、出しちゃうことを訓読みでどう読むかわかる？」

S「…訓読みって？」T（音読みと訓読みの説明）

T「そこで、これは、『つゆ』とも読むのだけれど、『あらわす』ともよめます。あめつゆなどがおちてくる、また落ちてきて姿をあらわすという意味がある漢字なんだよ。あらわすという意味での熟語は、『露見』『露呈』などがあります」

S「ふーん（だんだんあきてきている様子）」

T「では、この夜露死苦の露をあらわすという訓で読むとどうなる？」

S「…夜、露わす死ぬ苦しい」

T「いいですね、死ぬ苦しいは死苦と一つの熟語にしてみましょう」

S「夜、露わす死苦」

T「その並び方でわかる？　もっとわかりやすく言うには」（しばし、色々な意見が出て）

S「夜　死苦を露わす」

T「おっ！　今わかりやすいのがでた！」

S「イエーイ（得意げ）」

T「では、夜露死苦の順番はどうなる？　思い出して！」

（注：生徒は一年時漢文の学習で、順番をつける訓練をしている）

S「うっんと…一四二三？」

T「そうですね。では返り点は何点使う？」
S「レ点？」
T「そうすると一四二三になる？」
S「…一、二点だ」
T「そうですね」（しばし返り点の復習）「では意味はどうなるかな？」
S「夜、死苦を露出する」
T「そうですね！　夜死苦が露出する。つまり露わになるということになるかな。夜って怖いですよね、ほら幽霊が出るのも大概は夜でしょ。先生も夜一人で歩いていると後ろが気になるよ。あと洗顔後鏡見たときとか怖いよね！」
S「(笑)…そうだね」（しばし、夜にあった恐怖体験を話し合う）
T「さあこれまで夜露死苦を書き下してみたけどどうだった？」
S「なんとなくかっこいいと思ったけど、意味もよく読むとあっておもしろかった」
S「意味あるもんなんだね、漢字並べてただけではないんだ」

本授業での成果は暗号化された漢語「夜露死苦」を日本語としての漢字・漢語・漢文世界に発展させられたことである。最初から教科書教材に入るよりも、生徒の興味をひく「漢語」を発端にしたことにより、関心が高まった。本授業終了後も「夜露死苦」や様々な漢語を書き下しできるかどうかで盛り上がり、生徒は「漢語」に含まれる意味を考える楽しみを発見したようだった。漢文の羅列を「書き下してほしい」とせがまれるようにもなった。

本授業を通して生徒の閉塞的な独自の文字社会を広げ、あり得べき形に矯正していくきっかけになった。このきっかけを生かし、国語総合の授業につなげる展開案を次に挙げる。

五、授業展開案

前述した授業実践の発展として、展開案を現代文、漢文古文分野から四例挙げる。

① **現代文―『羅生門』―**

『羅生門』は本校でも比較的人気の高い教材だが、生徒にとっては最初の段落の情景描写と場面設定が理解しづらく導入が難しい。そこで、「夜露死苦」を挙げ、生徒自身にひきつけて「夜」「死苦」のイメージを持たせることで物語世界に入りやすく、生徒の反応がよくなり効果があった。『羅生門』の夕方から「夜」に向かってくる舞台設定と「死」人の登場や、荒廃した雰囲気につながっていくことが「夜露死苦」によって具体化された。

② **漢文―文法学習―**

本校の生徒は特に「文法」と聞いただけで学習意欲をなくしてしまう。「なんで文法があるの？」「レ点とかつける意味がわからない」このような発言（ブーイング）が文法学習の前に必ず多く出る。そこで本授業を導入に行うことによりスムーズな文法学習に展開させることができた。生徒は暗号化された漢語「夜露死苦」を書き下し文により、意味のある日本語に展開できることが習得できた。そこで改めて文法学習に入ると、自然な流れで嫌悪感を持たせることなく展開できた。発展として日本語の文字構造を理解させるために中国語を取り入れ、日本語と文法構造が違うから返り点が発明されたことにふれ、返り点の意義や利便性などに発展させるとさらに定着できた。

③ **古文―和歌―**

生徒は漢字の羅列が並ぶ様子に非常に興味を示す。そこで昔、平仮名・片仮名がない時代に使用していた万葉仮名の話をすると反応がよい。この後『万葉集』の学習に入るといつもは全く興味を示さない和歌の分野も、取り組む姿勢を見せた。

④　古文―仮名の語源―

本展開案は通常一学年古典の導入時に行うが、漢語の羅列からの展開案としても可能性があると考え、ここに挙げる。生徒は入学時五十音図がかけない。そこで五十音図を正確に覚え、興味・関心を持たせることが必要である。生徒は平仮名、片仮名がもともと漢字からできたことを知らないので、仮名の語源を教授することで、日本人の文字のルーツである漢字の重要性に気づくことができる。

授業内容はまず平仮名、片仮名の語源になった漢字が並んだ五十音図を生徒に配り、その中から自分の名前の漢字の語源を探し出させる。次に名札（清書プリント）に、平仮名、片仮名の語源漢字を用いて自分の名前を書き提出、相互評価させる。最後に平仮名、片仮名の語源の漢字と、仮名になっていく変遷をたどり、正確な五十音図を完成させる。本展開案の利点は、生徒が当て字を好むので、自分の名前が一文字一音の自分の元の名前と違う漢字の羅列で並ぶ様子に非常に興味を示し、そこで興味喚起したまま、スムーズな形で五十音図の説明ができることである。

以上展開案を四例挙げた。生徒達の暗号化された文字ツールでしかなかった「漢語」をきっかけに、現代文・漢文・古文と国語総合のどの分野にも発展できる授業が可能である。漢字・漢語・漢文の学びを国語教育の一つの柱として展開することは、工業高校において非常に有効である。

六、漢語の学び―閉塞的文字世界からの脱却―

生徒達は現在国語能力として発展できない閉塞的文字世界に生きている。本校生徒達の文字に対する興味は、あくまでも表音的な側面だけであった。漢字の成り立ちを味わい、表意文字としての特色を理解しようとする気は全くない。また文章作成時、どのような漢字を用いるのが適切か吟味することもない。漢字を訓読みもしない。漢語への興味はビジュアル面だけで、独自のコミュニティで「暗号」として使用できればいい。だから、生徒達のメールに使われる「漢語」は一般的に使う文章とはほど遠く、誤変換だらけである。生徒達に聞くと「仲間内で使用するのだから構わない」のだそうだ。しかし今後社会に出て自立するために、このような閉塞的文字世界から脱却していかなければならない。

そこで私達教師に求められるのは、興味を生かし発展させられる授業である。ほとんどが就職していく本校生徒にとって、これが人生最後の国語の授業である。彼らの文字社会を広げ、将来に役立つ力を教授することが求められている。そのため漢字・漢語・漢文を柱として文字運用能力、読解力を育成することは非常に重要である。本授業の実践を通して、漢字・漢語・漢文の表意的な側面が生徒達の興味を刺激し、日本語特有の文字文化を理解する契機になることがわかった。漢語一つ一つの意味に敏感になり、使用を吟味することで、閉塞的文字世界から脱却させることが可能であろう。生徒達の文字世界を遍く利用できる世界に広げることは、「書く力」「話す力」育成になり、さらに就職後、説明書やマニュアルを「読解する力」につながり、広い人間関係を構築するコミュニケーション能力を習得させ、ひいては「生きる力」になるだろう。

七、おわりに

私は学級目標として「言葉は世界を作る。言葉を大事にしよう」を掲げている。また学期はじめの授業では必ず「言霊」(5)の話をする。なぜなら本校の生徒は言葉を自覚を持って使用しないからだ。言語表現が稚拙で、すぐに他人を傷つけるような暴言を吐く。挨拶はしない。敬語も使わない。自分の言葉に責任を持たない。このような現状でどのように言葉を教えていけばいいのか、彼らの世界を広げていけばいいのか、社会に出ても恥ずかしくない国語能力を育成すればよいのかを日々の課題としている。

漢字・漢語・漢文の学びを国語教育の一つの柱とすることは、工業高校において教育効果が高いと実感している。述べてきたように生徒は漢字の形や暗号化された部分に非常に興味を持っている。また漢文訓読調の文章は古典の中でもリズムがよく、聞きやすい。教材内容も『三国志』を題材にしたゲーム『三国無双』や、漫画『項羽と劉邦』など、漫画やゲームの影響で男子生徒がほとんどの本校にとっては、国語総合の中で漢文が一番興味を持って取り組める。

現在の高校国語は漢文離れが進んでいると叫ばれている。進学校では漢文分野が削られてきている。私は、東京都教員研修のため、年十回程度、他の都立高校との意見交換をする機会があるが、その中で漢文分野に特に力を入れている高校はほとんど見受けられないのが現状である。とりわけ、大学進学を視野に入れた重点支援校では、受験に必要な漢文の知識を扱うので精一杯で深く読み味わうには到らないようである。しかし、私はむしろ漢字・漢語・漢文を一つの柱とすることで表音・表意文字が混用される日本語特有の言語構造を理解させ、将来に役立つ国語能力を育成することができるのではないかと考える。そして、低学力で困難校の生徒指導にこそ漢字・漢語・漢文の学びが興味喚起や、読む・聞く・話す力育成のために有効なのではないか。今後は、一般的な校種だけでなく、本校のような専科や困難校向けの漢字・漢語・漢文研究を進めていくのが「漢字・漢語・漢文」分野の再興に必要なのではないかと私は考える。

本研究報告は、勤務校である都立北豊島工業高校での実践とその反省をもとに、漢字・漢語・漢文教育の新たな展望を探ってきた。今後も現場で新たな漢字・漢語・漢文教育実践を試み、成果を検証し、研究していきたい。

【注】

（1）勤務校　北豊島工業高校の紹介

勤務校は、全日制・定時制を併せ持つ工業高校である。大正九年に開校した歴史と伝統のある学校で、すでに全定合わせて約二万名を輩出している。

私の勤務している全日制は総合技術科である。特色は、一年生（五学級一七五名定員）の時に機械・電気・電子の基礎基本の知識と技術を学び、二年生から本人が希望する類型（コース制）を選択し、より深く知識と技術を学び、社会で活躍できる技能者・技術者の育成を図ることである。類型は、機械設計・自動車・制御・電気・電子情報の五コースである。本校の進路は就職中心であり、資格取得などにも力を入れている。

（2）勤務校の実態

勤務校は、就職を目指す伝統ある工業高校として、地域に親しまれ、根付いてきた都立高校である。しかし最近は、専科離れの傾向にしたがい、学校のレベルが下がってきている現状である。現在は都立高校の中でも教育困難校に分類されている。昨今の、子供の減少に伴う全入時代到来の影響で定員割れも起きていて、試験がある都立高校の中で一番下位のレベルに落ち込んでしまっているのが現状である。中退者が多いのも特徴で、入学時一七五名だった生徒が卒業時は百名をきってしまう。私は勤務三年目であり二〇〇九年度から担任をしている。本学年は一年時で中退者五十一名であった。

また、様々な困難を抱えている生徒への対応も現場の頭を悩ませる。

まず、日本国籍ではない生徒への対応である。本校は中国、韓国、朝鮮系、インド、フィリピン・マレーシアなどの東南アジア、ブラジル、アメリカ、イギリスなど様々な国の生徒が在籍する。その中で日本語がまだ不十分な生徒には、国語科が「取り出し」という形で、授業の補強をしている。次に、障害を抱える生徒への対応である。授業中座っていられず、騒ぎ出してしまうＡＤＨＤ障害を抱える生徒や、ＬＤなど学習障害、家庭環境からの精神障害でリストカットをしてしまう生徒など、障害の種類も多彩なので、それぞれへの対応と授業を成立させる対応が困難を極めている。

現在私は二年二組制御クラスの担任をしている。生徒指導の困難さを痛感する毎日である。現状としては、なかなか基本的生活習慣が身についておらず、遅刻や無断欠席が非常に多い。清掃や整理整頓も苦手で、ガムや痰などの吐き捨ても日常的にあるので、休み時間毎に教室を見てまわり、教室が荒廃しないよう細心の注意をはらっている。係や学校行事への参加の姿勢も入学時にはほぼないので、生徒の学校に対する興味ややる気を引き出すことが重要である。将来への展望もほとんどないので（結果、中途退学が多い）卒業後の進路も見据えた教科指導・生徒指導が求められている。

（3）＊書く力の欠如…私は、毎年一年生のクラスを含めて担当しているが、最初は仮名さえも書けない生徒が多数いる。したがってノートを書くことができない。そのため、ノートをとる習慣がない。

＊聞く力の欠如…座っていられない生徒が多数いるので、当然話を聞くことができない。そのため、指示を聞くことができず、聞こえたとしても、理解するのに時間がかかる。何かを読み聞かせることも最初は難しい。

＊読む力・言語事項の欠如…文章を書くことも、聞くこともできないので、自分から読むことも最初はほとんどできない。したがって、「読解」する以前に、声を出して読めるようになる力自体が欠如してしまっている。

＊意欲の欠如…このような現状で、最初は授業に対する意欲が全くない。「どうせわからないし、相手にしてもらえない」という意識が先立ち座学は特に最初からあきらめている。

（4）一・二年次で国語総合それぞれ二単位、三年次で国語表現を二単位修得する。計六単位必修である。それぞれ習熟度別指導をとっており、一つの組を習熟度別に二クラスに分けて指導している。

（5）「言霊」とは、言葉の持っている霊妙な能力である。日本では上代から、言葉には力があって、その言葉通りの事象がもたらされると信じられていた。本校では生徒同士で喧嘩が絶えず、その度に「死ね」などの暴言が飛び交う。そこで私は「言霊」の話を通して責任を持って言葉を使う意義を伝え続けている。

第七章

典拠と比較して読む『山月記』

内田　剛

一、はじめに

文学研究と教育学研究との違いとは、端的にいえば、「典型としての学習者」の想定の有無だといえる。もちろんこの両者は必ずしも矛盾するものではないが、文学研究が一読者である筆者の〈読み〉の妥当性によって評価されるのに対して、教育学は、たとえば一つの文学テクストにおいて、授業者の〈読み〉を元にして展開される授業が、想定された学習者にとって教育効果が高いか低いかによって評価される。いいかえれば、文学研究において必ずしも妥当性が高いとはいえない（もしくは一定の評価が定まっていない）〈読み〉であっても、学習者にとって教育効果が高いと判断されれば、教育学においては授業で行うことが妥当であると見なされることがあり得るということである。これは逆に、文学研究においては妥当とされる〈読み〉であっても学校の授業では扱うことが難しいものが複数存在することを考えればわかりやすい。

『山月記』は、用いられている漢字や語彙、文体の難解さから学習者が「難しそう」という第一印象を持ち、テクストに真摯に向きあうことを放棄してしまう危険性を持つテクストである。しかし一方で、これらの漢字、語彙、文体がテクストに重層性を与え、多角的な〈読み〉を生み出す装置となっている。たとえば、李徴の出自に関わる「隴西」と「虢略」という二つの地名には「龍」と「虎」という漢字が隠されている。また、人間だった頃の李徴の説明の部分には「虎榜」「狷介」「歯牙(にもかけない)」「狂悖」「発狂」といった「虎」と関係する語彙や「けもの偏」の漢字が用いられている。冒頭におけるこれらの漢字の「意味」を意識づけることができれば、学習者を主体的にテクストに向かわせる契機となる。つまり『山月記』は、学習者の「難しそう」という第一印象さえうまく乗り越えることができれば、様々な観点からテクストを読む楽しさを知ることができる教材なのである。

本実践ではテクストの漢字や語彙、さらには背景となる中国の文化に着目しながら、一人でも多くの学習者が主体的に教材に取り組むことができるようないくつかのアプローチを行った。その中心的な取り組みとして、典拠である『人虎伝』との比較によって『山月記』というテクストの分析を行った授業の報告である。

二、指導の計画

(一) 指導の目標

① 典拠である『人虎伝』と比較し、テクストの差異を明確にすることによって、『山月記』の主題を捉える。
② 多様な観点から分析することによって、テクストの新しい〈読み〉の可能性を探る。
③ 自分の〈読み〉について、妥当性の高い根拠を示して主張し、〈他者〉を説得する力を養う。
④ 班学習を通じて、〈他者〉と協力して課題を遂行する力を養う。

(二) 指導過程

一時間目　「『人虎伝』&『山月記』班調べ」課題プリントを配布し、担当するテーマを班ごとに決定する。同時に語彙調べプリントも課題として配布する。班の課題については、提出までの期間を約二十日間とし、A3版一枚で提出することを基準とする。提出したプリントについて、余白を充分にとることや必要事項の記入漏れをなくすことに加え、記入する情報の精選やプリントを見る側を惹きつける工夫（見やすいレイアウトや写真・絵といった視覚的情報を入れること等）、調べた情報についての班の分析の説得力が評価対象になることを確認する。

二時間目　朗読CDを聴きながらテクストを黙読し、「初発の感想」を記入する。

三時間目　現代日本語訳の『人虎伝』を配布し[1]班ごとに通読する。通読後、班の中で『山月記』と『人虎伝』との差異を探し、そのような差異がテクストにどのような違いをもたらすかについて班で話し合う。話し合いの結果をプリントにまとめて提出する。

四時間目　班の話し合いの中で発見した『人虎伝』と『山月記』の差異の中で、『山月記』の分析に重要だと思われるものを各班の代表者がクラス全体に発表する。

『山月記』授業プリント①

授業プリントは解釈や知識事項の確認にとどまらず、学習者の主体的な〈読み〉を引き出すきっかけとしても機能するよう意図する。

五時間目　『山月記』授業プリント①・②

六時間目　『山月記』授業プリント②・③

七時間目　『山月記』授業プリント③・④

八時間目　『山月記』授業プリント④、まとめ
九時間目　授業全体のまとめ。班の調べ学習課題プリントの配布。各班の調べ学習課題プリントの内容を確認した上で、「授業後の感想」を記入する。「授業後の感想」は授業者がまとめてプリントにし、後日配布。

三、『山月記』の具体的アプローチ

(一)　班で取り組む調べ学習課題

『山月記』は多様な観点からの分析が可能なテクストである。そして、そのような観点のいくつかは『山月記』と典拠である『人虎伝』とを比較することで明確になる。たとえば、『山月記』という題名にも含まれる「月」は、『人虎伝』では『山月記』にもそのまま用いられた詩の中に「渓山対明月」と一度のみ記されるのに対し[2]、『山月記』の中にはこの詩の他に、「残月の光をたよりに」、「時に残月、光冷やかに」、「己は昨夕も、あそこで月に向かって咆えた」、「山も樹も月も露も」、「白く光を失った月」と六回も登場する。この差異は二つのテクストを比較することによって初めて顕在化する。そしてこの差異を認識した学習者は、『山月記』における「月」が、早朝という時間帯や時間の経過を表す装置という役割に加えて、ある象徴性を持った重要なことばであることに気づき、さらに『山月記』という題名の意味を考えるようになるのである。

実際、学習者が二つのテクストを比較したときにこの差異に気づくことは多い。よって差異の発見をスタート点として、第二に「月」のイメージを追う課題に展開する。二〇〇九年度の授業では、班の調べ学習課題の一つとして「世界の『月』のイメージ」を課した。この課題については、日本や中国、欧米の「月」のイメージに留まらず、中島敦が赴任したパラオの「月」のイメージを調べてくる班もあり、興味深いものが多かった。

班の調べ学習課題は、テクスト分析の前提となる知識事項について調べるものもあるが、学習者の新しい〈読み〉を拓く契機となりそうなものをなるべく多く提示するよう意識したい。今まで提示した課題には、たとえば「作者中島敦について」・「作品の時代・年号・地名について」・「科挙試験について」・「病気としての『発狂』について」・「唐代の漢詩および詩人について」・「中国における『虎』のイメージについて」・「作品内の役職について」・「『変身』と『憑依』について」等がある。なお今回は中島敦のその他の作品に中国流の題名があることに着目して、文体論的な観点から「『伝』と『記』の違いについて」という課題を与えた。[3]

(二) 『山月記』と『人虎伝』との差異を探す班学習

学習者が班での話し合いの中で発見した『山月記』と『人虎伝』の代表的な差異を以下に挙げる。学習者が班での話し合いを通して発見した差異に着目しながら授業を展開することは、学習者の主体的な参加を導くことにもつながる。

A 「詩人」に対する李徴の思いに関わる差異

① 『人虎伝』李徴のみ「皇族の子孫」という設定である。

② 『人虎伝』李徴は県尉の任期を終えて官界から身を引き家に帰って閑居していただけだが、『山月記』李徴は詩家になることに執着して、そのために官を辞めた。

③ 『人虎伝』の李徴は名士と呼ばれ金銭を容易に手に入れることができたが、『山月記』の李徴は妻子を思って、プライドを捨てて仕事に就いた。

④ 『人虎伝』李徴は初めに妻子の心配をしたが、『山月記』李徴は妻子の心配よりも自分の詩を残すことを初めに願った。

⑤『山月記』李徴は詩人として名を残したかったという気持ちが強い。『人虎伝』では「子孫に伝わればそれでいい」という気持ちである。

⑥『人虎伝』袁傪は李徴の詩をただほめているのに対し、『山月記』袁傪は「第一流の作品となるには欠けるところがある」と述べる。

B　虎への「変身」および性格・性質に関わる差異

⑦『人虎伝』の李徴は同僚を下に見て威張っている性格だが、『山月記』の李徴は人と交わらない性格。

⑧『人虎伝』は「虎」の心が一つであるのに対して、『山月記』は「虎」の中に獣と人間の別の二つの心が存在している。

⑨『人虎伝』李徴は役人になってからいきなり病気になり、次第に病状が悪化して発狂する。『山月記』李徴は役人に戻ってからいろいろこき使われてイライラがたまって発狂する。

⑩『人虎伝』には人間のときのさみしさが書かれていないが、『山月記』には「人間だったころ、おれの傷つきやすい内心をだれも理解してくれなかった」と人間のときのさみしさを述べている。

⑪『人虎伝』李徴は人間の意識のまま人を食べている。『山月記』李徴は虎の意識になって人を食べている。

⑫『山月記』には人を殺す描写が出てこない。

⑬『人虎伝』李徴はやもめと通じその家に火を放ち一家数人を焼き殺したエピソードが述べられている。

⑭『山月記』には虎になった悲しみが書かれているが『人虎伝』には書かれていない。

⑮『人虎伝』は主体の表現が「虎」になっている。『山月記』では主体の表現が「声」になっている。

C　李徴以外の人物の設定に関わる差異

⑯『人虎伝』では李徴がいなくなったあと、供の男も餞別の入った財布を持ち逃げした。

⑰『人虎伝』袁傪は駅吏を怒るようなプライドの高さがあり、『山月記』袁傪は穏和な性格が強調されている。
⑱『人虎伝』袁傪はのちに兵部侍郎の官にまで昇進する。

D　その他の差異

⑲『人虎伝』では『論語』のことばが見えるが『山月記』にはそのことばはない。
⑳両方とも「家族には伝えないでほしい」といっているが、『人虎伝』の方はあえて家族に伝えた形で終わっている。
㉑『人虎伝』は状況が詳しく書いてある。『山月記』は心情が詳しく書いてある。
㉒『人虎伝』は「悪いことをすれば報いがある」という因果応報の教訓的な感じがある。

(三)　テクスト「天宝の末年」の分析

『山月記』の冒頭の「天宝の末年」からは一つの疑問が生じる。李徴が「若くして名を虎榜に連ね」たのは「科挙」の進士であるが、唐代における「科挙」の試験は「科試」(予備試験)、「郷試」(地方試験)、「会試」(中央試験)という選抜試験がそれぞれの試験ごとに数回、数日にわたって行われるという非常に時間のかかるものであった。[4] 一方「天宝の末年」を西暦七五六年とするならば、この年は有名な「安禄山の乱」によって都である長安が占領された年でもある。このような情勢の不安定なときに、果たして「科挙」のような大規模な試験を行うことが可能だったのか。この設定は中島敦の創作ではなく『人虎伝』のテクストに従ったものであるが、[5]『人虎伝』が書かれた当時、このテクストを読む読者の側に「安禄山の乱が起こった天宝の末年に科挙試験が行われるはずがない」という共通認識があったのだとしたら、このテクストは冒頭の一文において、コノテーション(言語の潜在的・多層的な意味)として「フィクションのコード」[6]であることを表しているといえる。このような疑問の分析も、典拠である『人虎伝』を同時に確認することによってより深い考察が可能になる。

この疑問についての答えは、実際の科挙の合格者を記した『登科記考補正』[7]の記述の中に見ることができる。この『登科記考補正』には、七五六年に三十三名が進士の試験に合格したことが記されており、実際にこの年科挙試験が行われたことを確認できる。ここから、前述の「安禄山の乱の年に科挙の試験など行われるはずがない」という当時の共通理解はなかったと判断する。

逆に宮崎市定氏の『科挙（かきょ）中国の試験地獄』では、清朝末期に科挙の試験会場である貢院の中でだけ死人（亡霊）が仇討ちをしてもよいというルールが決まっていたことを述べており[8]、そのように考えると七五六年当時は、むしろ人間が虎に変身することも現実に起こりうる現象として認識されていた可能性も高い。

また、『大漢和辞典』によれば「末年」には「末の世」という意味もあり、その意味で理解すれば「天宝の末年」は「天宝の終り頃」となり、必ずしも七五六年に限定しなくてもよいという考え方も浮かんでくる。

(四) 『山月記』の李徴は本当に家族思いではないのかという疑問について

『山月記』と『人虎伝』とを比較すると、『山月記』の李徴が「飢え凍えようとする妻子のことよりも、己の乏しい詩業のほうを気にかけるような男だから、こんな獣に身を堕とすのだ」というセリフと、『人虎伝』の李徴が実際に詩のことよりも家族のことを先に頼んでいることから、一部の学習者は『人虎伝』の李徴よりも『山月記』の李徴の方が人間として冷淡であると考える傾向がある。しかし『山月記』の李徴のことばをそのまま信用してよいのだろうか。

『人虎伝』の李徴がただ単に「衣食に事欠くようになったために東の呉楚の地方に出かけて行く」のに対し、『山月記』の李徴は「妻子の衣食のためについに節を屈して、再び東へ赴き、一地方官吏の職を奉ずる」ことになる。

心に浮かぶままに妻子の世話を頼む『人虎伝』の李徴と、「妻子のことを気にかけない」と自分を責める『山月記』の李徴のどちらが冷淡であるかは一概には判断できない。しかし二つのテクストの差異として明確なのは、『人虎伝』の李徴よりも『山月記』の李徴はディレンマに陥りやすく、常に二律背反の中で苦しみ続けなければならない性格であったということである。このような『山月記』の李徴の性格は、「虎」にふさわしい性情を持ち、ディレンマに陥らずに行動する『人虎伝』の李徴と比較することでより明確に理解することができる。

(五)「月下虎」のモチーフとしての李徴

導入において、学習者に、「自分がこの生物にだけは変身したくない」という生物は何かを確認する。そこではよく「ゴキブリ」や「クモ」の名前が挙がるが、人間の目線から判断するために嫌悪感を持つのであって、実際その生物になってみたら案外生きやすいのではないかという指摘を行うと、賛否両論起こり話し合いは活性化する。また、同じ変身譚であるカフカの『変身』と比較すると、生徒は虎よりも変身したくない生物が多くいることに気づく。そこから、「なぜ『山月記』で李徴は虎に変身するのか」という疑問が生じる。これは「『人虎伝』で李徴が虎に変身するから」という解答は正確でない。『人虎伝』と『山月記』の主題が異なる以上、『山月記』は虎以外の生物に変身してもかまわなかったはずだったからである。この解答については、現在のところ『実践資料12か月主要文学作品教材ノート高校編①山月記』における丸山義昭氏の「虎専門の絵師がおり、掛軸でも『月下虎』というのは一つのモチーフとして確立していて、よく描かれる。李徴は芸術をつくれなかったけれども、李徴自身が芸術になってしまった[9]」という主張を採用する。実際の「月下虎」の絵を見せると学習者の印象はさらに深まる。授業後の感想に強く印象に残ったという意見が寄せられる箇所である。

(六) 「人面虎」から中国妖怪譚への展開

この提案は方法を誤ると学習者の〈読み〉を混乱させる可能性があるので注意が必要である。しかし一方で、『山月記』の授業を何回か行う中で同様の質問を何度かされたことも事実であり、そのような学習者の疑問に答える中で生まれた提案でもある。このような疑問を提示する学習者は、通常あまり文学教材に興味を示さないか、もしくは国語という教科自体に苦手意識を持っている者が多いように思われる。テクストのコードを理解できず、常に現実のコードでしか読めないために疑問が生じるとも考えられるが、一見矛盾とも思えるテクストに妥当性の高い根拠を与えようとするのが文学の授業の面白さの一つである。学習者の素朴な疑問を大切にしたいものである。

『山月記』のテクストにおいて、「叢の中から躍り出た」虎は、「あわや袁傪に躍りかかると見えたが、たちまち身を翻して、もとの叢に隠れ」、「叢の中から人間の声で、『危ないところだった』と繰り返しつぶやく」。そして、袁傪はその「人間の声」によって虎が「我が友、李徴子」であることに気がつくのである。『山月記』と『人虎伝』の差異の⑮でも指摘されているが、『人虎伝』の主語が「虎」で表されるのに対し、『山月記』の主語が「声」で表されているのも『山月記』における「声」の重要性を物語っている。

この部分のテクストを現実のコードで捉えると、音声は声帯で生み出した音を声道や喉頭などの音声器官で共振・反響させて発生させる。当然のことながら、こうして生まれた音声は反響させる「骨格」にも影響される。だから生徒が無意識にでも、李徴の声を発するのであれば、虎は李徴の顔をしているのではないかと考えるのはある面自然なことだといえる。実際、「虎」は袁傪の前では一言も声を発していないし、人面獣身の姿であれば「我が醜悪な今の外形」という表現も納得がいく。

興味深いことは、中国には古来より人頭獣身や獣頭人身の妖怪譚が数多く存在するということである。その代表が中国古代の伝承を集めた『山海経』である。

この『山海経』の中には「馬腹」、「天呉」、「開明獣」、「陸吾」といった人面虎身の妖怪が数多く登場する。たとえば馬腹は「伊水ながれて東流し、洛に注ぐ。獣がいる。その名は馬腹、その状は人面のごとくで虎の身、その声は嬰児のよう。これは人を食う[10]」と記されている。

また、中国には人が虎に化す「化虎譚」も多く、この点について中野美代子氏は「四神の一つ(「白虎」のこと…内田注)の霊性が遠く尾を引いているのではないか」と指摘している[11]。

中国における超自然的存在が持つ怪異性について伊東清司氏は、中国の神話伝説時代に存在したとされる理想的聖天子も人頭獣身・獣頭人身で登場することが多いことを挙げ、「非俗的存在は超俗的な異状を呈しておらなければならなかったのである。妖怪・鬼神を定義づける理念は、古聖王にもそのまま投写しており、かれらも山川の妖怪と類型上きわめてよく似た存在であった」と述べている[12]。

ここから新たな疑問が生じてくる。それは『山月記』の李徴が語る、「おれの場合、この尊大な羞恥心が猛獣だった。虎だったのだ。これが俺を損ない、妻子を苦しめ、友人を傷つけ、果ては、おれの外形をかくのごとく、内心にふさわしいものに変えてしまったのだ」という判断が本当に妥当なのかという疑問である。確かに『人虎伝』の李徴は、人間の人格のまま女性を食べ、そのときの心情を「甘美」と表現したり、関係を持った孀婦を亡き者にするために家に火を放ち一家もろとも焼き殺したりと虎の残虐さのイメージに近い性情を持っている。しかし、『山月記』の李徴は、妻子のために節を屈して一地方官吏の職に就いたり、妻子の衣食のことより自分の詩業を気にかけてしまう自分を咎めてしまったりする人間的な性情をいまだに有している。『人虎伝』と『山月記』のテクストを比較すると、『山月記』の李徴が今でも「人間である」ことがより一層際だつ。

そしてもう一点重要なことは、『山月記』の李徴は虎になったことにより、「才能よりも一つの物事を専一に磨くことが重要」であることに気づいたということである。いいかえれば、虎に変身したことにより、李徴は人間の頃には気がつくことのできなかった新しい視点を獲得したのである。李徴の成長と人頭獣身の妖怪の神性とを結びつけることは不可能であろうか。

このような主張にはもう少し丁寧な分析が必要かも知れない。ただ、学習者の疑問をそのまま切り捨てるのではなく、中国の文化や発想に対する興味につなげるためのひとつの方策としては有効である。

四、生徒の感想の例

(一)「初発の感想」

① 李徴は自分が人間だった頃は自分が偉い立場じゃないと気に入らないと思っていたが、虎になって周りの獣どもはただ懼れてひれ伏していて、自分が一番になったのに、それに対してうれしいとは思っていない。李徴は人間から虎になって考え方や性格が変わったのだ。人間の時には分からなかったことが分かったのだと思う。

② 作品は、反転して人ならざる何かになってしまうことの恐怖が描かれていると思う。自己の崩壊、消滅、変質といったことは死ぬこととほぼ同じである。

③「虎は死して皮を留め、人は死して名を残す」という言葉があり、虎は死んだあともその毛皮が珍重され、人間も同じように偉業を成した人は死後もその名を語り継がれるという意味らしい。

④ 難しかったのは冒頭のみで、李徴と袁傪が出会う場面からは割と読み易いなと言う印象を受けた。

(二)「授業後の感想」

①『山月記』の授業の感想としては、『人虎伝』と読み比べをしたのが、興味深くおもしろかった。特に印象に

残っているのは、班ごとに分析をして発表したやつ。ある班で、『山月記』と『人虎伝』の違いを見るときに、題名が違うということで、『山月記』を読むときに月に注目するという発表があった。確かに言われてみればそれはとても大きな違いで、こういう斬新な発想ができるなんてすごいなと思って、心底感心した。

② 『山月記』の李徴の気持ちは少し分かる気がする。叶えたい夢があるのにそれに対しての努力をしていなかったのは僕も同じだ。臆病な自尊心、尊大な羞恥心というのを身をもって実感できる。また、月というのは、古今東西「とどかないもの」っていうイメージがあるんだなと思った。英語の cry for the moon は「ないものねだり」っていう意味だし。

③ 授業を終えてもやはり『山月記』の「月」は李徴であったと思う。特に「白く光りを失った月」という部分が李徴と重なる。もともと白月というのはとても輝いている月のことで、それはかつての鬼才といわれた頃の李徴であり、光りを失ったという部分で、虎になり未来を失った李徴のように捉えることができたからだ。

「初発の感想」から、授業中の様子、そして「授業後の感想」と学習者の意識の変化を振り返ってみると、同じ班のメンバーや他のクラスメートに刺激され、テクストと主体的に関わり自分の〈読み〉を深めようとする意識の高まりを確認できる。このような意識は、特に文学教材に苦手意識を持つ学習者になればなるほど、教師が外圧的に指導しても生まれない。同じ立場の同級生が主体的に読むからこそ、その姿に触発されるのである。

また、教師の〈読み〉はあくまでも一つの〈読み〉であって、〈読み〉の正当性はあくまでも主張と根拠の妥当性、いいかえれば説得力に求められるという認識の定着に努めた。教師や他の学習者の主張や根拠に納得がいかなければ自分の〈読み〉を変える必要はない。逆に自分の〈読み〉の正当性を主張するのであれば、他の学習者を納得させるだけの説得力を持たねばならない。そのような主体的な思考こそこれからの国語科教育に求められるものであると考える。文学のテクストの〈読み〉は一回きりで終わるものではなく、「読者」の人生と共に深化変容し

初発	A　(%)	B　(%)	C　(%)	D　(%)	E　(%)	未提出　(%)
1組	3(0.08)	21(0.54)	7(0.18)	1(0.03)	1(0.03)	6(0.15)
2組	9(0.23)	13(0.33)	12(0.31)	1(0.03)	1(0.03)	3(0.08)
3組	9(0.24)	20(0.53)	3(0.08)	1(0.03)	0(0.00)	5(0.13)
5組	5(0.13)	23(0.61)	6(0.16)	0(0.00)	1(0.03)	3(0.08)
6組	10(0.26)	15(0.38)	9(0.23)	1(0.03)	1(0.03)	3(0.08)
全体	**36(0.20)**	**92(0.48)**	**37(0.19)**	**4(0.02)**	**4(0.02)**	**20(0.10)**

授業後	A　(%)	B　(%)	C　(%)	D　(%)	E　(%)	未提出　(%)
1組	9(0.23)	20(0.51)	6(0.15)	1(0.03)	0(0.00)	3(0.08)
2組	13(0.33)	16(0.41)	8(0.21)	0(0.00)	0(0.00)	2(0.05)
3組	12(0.32)	16(0.42)	4(0.11)	0(0.00)	0(0.00)	6(0.16)
5組	10(0.26)	23(0.61)	4(0.11)	0(0.00)	0(0.00)	1(0.03)
6組	13(0.33)	18(0.46)	4(0.10)	0(0.00)	0(0.00)	4(0.10)
全体	**57(0.30)**	**93(0.48)**	**26(0.13)**	**1(0.01)**	**0(0.00)**	**16(0.08)**

ていくものである。教師が解釈を一方的に押しつけ学習者の〈読み〉を無視するのではなく、学習者一人ひとりが様々な人生経験を経る中で自らの〈読み〉をさらに深めていくという、未来につながる〈読み〉を保障することも、文学教材を用いた授業において配慮すべき事柄である。

五、まとめと課題

二〇〇七（平成十九）年度高校三年担当五クラスの一九三人に五段階（A「とても面白い」～E「全然面白くない」）で行った『山月記』のアンケート結果は次の通りである。

「初発の感想」のときに、評価が「D」もしくは「E」だった者が八名（〇・〇四％）いたのに対し、「授業後の感想」のときには一名（〇・〇一％）まで減ったこと、また「初発の感想」のときに、評価が「A」もしくは「B」だった者が一二八名（六八％）いたのに対し、「授業後の感想」では一五〇名（七八％）に増えたことによって、『山月記』と典拠である『人虎伝』とを比較してテクストを分析するという授業は教育学的に見れば有効だといえる。さらに調べ学習の課題を班ごとに課したことにより、班で協力して一つの課題を分析すること、多様な観点からテクストを分析するという方法によって、学習者の興味関心を喚起し主体的な〈読み〉を引き出すというねらいについても一定の成果を得たと考える。また、自己の主張はあくまでもその根拠の妥当性・正当性によって判断されるというルールによって授業を行ったことも、多くの学習者の主体性を喚起する結果につながったと考えられる。

今後の課題としては、「班調べ」のプリントの有効活用が挙げられる。調べ学習を行う期間の長さと授業展開とをうまく計画して、授業内で調べ学習のプリントを活用できる授業計画の検討が必要である。ただし、この『山月記』で行った活動は一回限りで終わるものではなく、それ以前それ以後の授業にもつながっていくものであるので、そのような点から考えれば、次の授業につながる一つの過程として位置づけることができる。

【注】

（1）『人虎伝』の現代日本語訳として、内田泉之助・乾一夫『新釈漢文大系　第四四巻　唐代伝奇』（一九七一年九月明治書院）内の『人虎伝』を配布した。

（2）『人虎伝』のテクストには二つの系統があり、一方が中島敦が典拠にした『唐人説薈』『国訳漢文大成』系のテクストであり、もう一方が『宣室志』『太平広記』系のテクストである。この二つの系統のテクスト間にもいくつかの差異が見られるが、代表的な差異としては『唐人説薈』『国訳漢文大成』に記されている漢詩が『宣室志』『太平広記』には記されていないことが挙げられる。よって『宣室志』『太平広記』系のテクストには「月」ということばは一度も登場しない。堀誠「月への咆哮―中島敦『山月記』考―」（二〇一〇年三月『早稲田大学国語教育研究』第三十集）にも指摘がなされる。

(3) この課題は堀誠研究部会主任に助言をいただき二〇〇九年度の授業で初めて課題にした。提出された班調べのレポートはまだまだ改良の余地を残すものではあったが、『山月記』と『人虎伝』との比較にとどまらず、『山月記』と『名人伝』との違いについても考察を行う班もあり、今後の発展を期待させるものであった。堀誠「中島敦における『記』と『伝』」（二〇〇九年十二月　中国詩文研究会『中国詩文論叢』第二十八集）を参照。

(4) 「科挙」制度については、宮崎市定『科挙（かきょ）　中国の試験地獄』（一九六三年五月　中央公論新社）に詳しい。

(5) この部分は二つの系統によって若干テクストが異なる。中島敦が典拠とした『唐人説薈』『国訳漢文大成』系のテクストには「天宝十五載春」と記されているが、一方の『宣室志』『太平広記』系のテキストには「天宝十載春」と記されている。

(6) 「コード（code）」は「解釈規則」や「解釈の枠組み」等と説明されることが多い。石原千秋・木股知史・小森陽一・島村輝・高橋修・高橋世織『読むための理論――文学・思想・批評』（一九九一年六月　世織書房）等に詳しい。

(7) 李剣波・楊韻芙責任編集『登科記考補正』（二〇〇三年七月　北京燕山出版社）の七五六年の記述に、「八月甲子、粛宗即位於霊武、（中略）進士三十三人」とある。「会試」は通常三月に三回行われることが決まっているが、この記述から七五六年は時期をずらして試験を行ったことを知ることができる。

(8) 前掲宮崎市定『科挙（かきょ）　中国の試験地獄』七三頁〜七七頁。

(9) 大西忠治編著、丸山義昭・都留文科大大西ゼミ執筆『実践資料12か月　主要文学作品教材ノート高校編1山月記』（一九八八年十二月　民衆社）。

(10) 高馬三良訳『山海経　中国古代の神話世界』（一九九四年一月　平凡社）八四頁。

(11) 中野美代子『中国の妖怪』（一九八三年七月　岩波書店）一九一頁。

(12) 伊藤清司『中国の神獣・悪鬼たち』（一九八六年七月　東方書店）二一八頁。

馬腹

天呉

開明獣

絵はすべて前掲『山海経　中国古代の神話世界』より引用。

第八章

大学における漢文教育の現状と課題

濱田　寛

一、はじめに

大学における漢文学ないし中国文学の指導の現場は深刻な状況を迎えている。中学校・高等学校における国語科の授業において漢文の指導時間が減少し、また、多くの私立大学の入学試験の国語科の出題において漢文がその対象外となっていることなどにより、高等学校卒業に至るまでに十分な指導あるいは自主的な学習の経験のないままに大学に進学する学生が一般化している。そのため高等学校までに習得していると期待される基本的な漢文読解の手法を前提とした講義が成立し得ない状況にある。一方でセンター試験の国語の出題は現代文二題・古文一題・漢文一題という構成であり、当該試験を介した国立大学進学者あるいは一部の私立大学進学者などは、入学試験の準備の中で漢文を自覚的に学習する環境にあり、一定水準の漢文の基礎力が備わった形で大学進学を果たしていると見做すことができよう。

しかし、所謂「大学全入時代」を迎えて、基礎的な学力を測定し、合否を判定する形での入学試験の実施が極めて困難となり、多種多様な形態の入学試験—各種の推薦入試・ＡＯ入試・一般入試など—を取り入れ、学生の確保に奔走しているのが多くの私立大学の実情である。このため同じ学科であっても入学に至るまでの経路によって入学時における基礎学力に相当の開きが生じる事態にあることも看過し得ない。これは講義における学生間の格差となり、講義の成否と直結する問題となる。更には講義における成否の問題に留まらない問題を孕んでいるのである。

大学における漢文教育という問題意識は、大学教育に相応しい水準での漢文ないし中国文学の指導の問題である一方で、教職課程を設置している学部ないし学科における次世代の国語科教員の育成の問題とも関わる側面があり、大学の社会的責務に及ぶ深刻な問題と向き合うことになる。勿論、国語科の教員養成という観点から言えば、漢文はその専門教養の一分野ということになるため、俯瞰的かつ総合的な視点からの現状分析が必要である。本稿では学生の基礎学力に相当の格差を生じている漢文を取り上げ、大学における漢文学ないし中国文学の指導の現状と課題を踏まえ、教員養成に関わる一つの側面について言及することとする。尚、大学の科目名として、漢文学・中国文学など呼称に差異があり、その差異は当該科目の設置の意図を反映している。一般的に「漢文学」として設置されている科目は、伝統的な訓読法による読解を前提とする傾向があり、「中国文学」として設置されている科目は、外国文学の範疇となり、可能な限り当該言語すなわち古典中国語（古代漢語）における理解を目指す傾向にある。後者においては第二外国語として中国語を学習していることが望ましく、かつ解釈上の技法として訓読法を援用する教授法が行われているのが一般的である。本稿では以下、論者の本務校である聖学院大学（以下「本学」と略称）における「中国文学」の講義における現状分析を踏まえ、教員養成へと展開する本学のプログラムの実践と課題について述べることになろう。

二、漢文の履修状況に対する調査

本学における「中国文学」は、人文学部・日本文化学科の選択科目として設置されている。この科目は後述する教職課程における必修科目として位置づけられており、一・二年次に履修することを勧めている。従って受講する学生は、一般教養と同等の意識で受講する者と将来の教職課程を前提として受講する者が混在した講義となっている。また、本学はセメスター制であるため、当該科目は週二コマの実施となり、一五週全三〇回の講義と学期末の試験ないしレポートによって構成されている。週二コマの実施であるため、時間割構成上、受講学生は明確な目的意識をもって受講登録する傾向が高い科目といえる。

本講義の二〇〇九年度の受講生は八二名であり、内四名が留学生（中国人留学生二名・韓国人留学生二名）であった。学年別の構成は、一年生が四二%、二年生が四四%、三年生が一三%、四年生が一%となっており、一、二年次での履修という方針は達成されている。さて、これらの学生が入学するまでの入試の形態は、推薦入試が四七%と圧倒的に多く、以下、ＡＯ入試が三一%、一般入試が一九%、その他が三%となっている。

これらの学生に対して、二四回目の講義において実施したアンケートを元に、受講生の現状を紹介しておこう。まず、高等学校における漢文の履修状況に対する調査結果である。

- 一年生の時に漢文を学んだ……………二二%
- 二年生の時に漢文を学んだ……………一八%
- 三年生の時に漢文を学んだ……………三九%

・高校では漢文の授業は無かった……………………二一％

右の結果によると、少なくとも二割の学生が高等学校で漢文を学習しておらず（或いは学習した記憶がなく）、高等学校での漢文の授業に殆ど印象が無いというコメントも寄せられている。講義を始めるに当たって確認した際には、高等学校までに習得しているはずの返り点の規則を理解していない学生が過半数を占めている状況であった。しかし本学の学生が所謂「進学校」の卒業生ではない状況にあるものの、高校三年次に漢文を学習したと記憶する学生がほぼ四割に達しており、選択科目である当該科目履修の動機との関わりが覗われる。

次に漢文に対する印象を問うた調査の結果を掲げる。

・漢文はかなり好きである……………………四％
・漢文はどちらかといえば好きである……………三八％
・漢文はどちらかといえば嫌いである……………二四％
・漢文はかなり嫌いである……………………五％
・どちらともいえない…………………………二九％

漢文に対する嫌悪感は比較的少ない。漢文に相当の嫌悪感を抱く学生はそもそも受講せずに卒業することが可能であり、講義に対する好意的な雰囲気を醸成することに関わっていると推測される。

では、学生は漢文のどのような側面に好・悪の印象を抱いているのであろうか、その具体的なコメントを列挙してみたい。

【漢文に対する好印象】

- 漢字の意味を考えて読むのが面白い。
- 漢字だらけの文章を読みこなす快感がある。
- 漢字の意味が分かると文意が大体掴める。
- 訓点があると読めてしまう驚き。
- 慣れると訓読法が愉快に感じる。
- 暗号みたいで、読めた時にスッキリする。
- 古代の人の考え方を知ることができる。
- ストーリー展開に意外性がある。
- 中国人になった気分にひたれます。
- 含蓄のある表現に魅力がある。
- 読み下した時の調子の良さ。

【漢文に対する悪印象】

- とにかく難しいから。
- 日本語の漢字の意味と違いがあるから。
- 日本では使わない漢字が出てくる。
- 難しい漢字が多くてやる気が無くなる。
- 漢字が読めない。

・書き下し文の解釈ができない。
・話の内容が掴めない。
・返り点がめんどくさい。
・外国語の授業のようだ。

傍線を施した箇所は、「漢文」の問題というよりは「漢字」の問題であり、漢文に対する印象は漢字に対する学生の距離感に連動していることが理解できよう。このことは漢文を学習していて困難に感じることを自由記入方式で問うた以下の結論とも合致するのである。すなわち、

【漢文を学習して困難に感じること】
・人名や地名の判断ができない。
・複雑な漢字が多く用いられている（旧字体など）。
・漢字一つに多数の意味があること。
・自分の訓読に確信がもてないこと。
・訓読の送り仮名の付け方に自信が持てない。
・漢文訓読調に慣れるまでに時間がかかる。
・白文を読むのはムリ。
・何が分からないかそれが分からない。

多くの学生にとって、漢文とは個々の漢字の問題と結びついた形で好悪の印象を構成しているといえよう。漢字の多義性を「面白い」と感じる学生は漢文に対する好印象を抱き、漢字が読めないなど、新たな漢字学習が課せられると悪印象を抱くこととなる。この点は実際の講義の中でも明瞭に察知されることで、例えば高等学校までには未履修の新出の漢字が出てきた時に、その漢字の成立や六義の説を紹介すると非常に関心が高まるのである。一方で、その漢字が文を構成したときに、学習者は個々の漢字の意味を連携させることに悩み、結果として文意の把握に失敗する傾向がある。「話の内容が掴めない」という印象は実は正しい現状分析となっており、読解から解釈への展開に相当の「壁」があることが理解されるのである。

近年の不祥事の報道を受けて以前よりは下火と成った日本漢字能力検定協会の「漢字検定試験」を高等学校のみならず大学においても一つの資格としてカリキュラムに導入している例を聞き及ぶ。本学でも二〇〇七年度まで準会場校として漢字検定試験を実施していた。この検定試験の「級」分けは、三級が中学三年生程度の漢字力、以下、準二級が高校二年生程度、二級が高校三年生程度、準一級が大卒・一般、とされており、これに従うと、大学入学には二級レベルの漢字に対する理解が必要ということになる。大学の漢文学の講義において、少なくともこの二級の理解力の前提にあって実施できることが理想的であるが、現状では大学卒業までに二級に合格できない学生が少なからずいるというのが現状である。入学時においては三級レベルの漢字理解に留まる学生も含まれる状況にある大学は少なくないであろう。従って、漢文学の講義において、「漢字」そのものの理解不足によって躓くという現実を現場は認識しておく必要がある。さらに言えば、語彙力の圧倒的な不足も日々の指導において痛感する状況である。仮りに漢字の意味を理解しても、文脈上より相応しい表現で捉え直す、という作業は漢文そのものの課題としてではなく、日本語の表現力それ自体の問題であり、その問題を克服することは大学教育全体の成否に関わる急務である。

一般的な漢文学の講義では、語釈によって語義を明らかにしながら文意を把握し（読解）、その文章を精読することによって問題意識を育成し（鑑賞）、新たな問題の探求（研究）へと展開するのが理想である。大学での講義は鑑賞・研究への展開に主眼があり、大学教育の面目があるといえる。しかし、現状の学生は「読解」において問題を抱えており、この点に大学における漢文学・中国文学の講義の成否の鍵があるといえよう。

さてこの「読解」に関しては波線を施した箇所が注目される。それは訓読法の習熟に関わる問題である。個々の漢字の意味が分かっても、訓読を介して行われる文章全体の理解において困難を感じてしまう最も単純な説明は、書き下し文の文体、すなわち文語に対する理解不足である。漢文の読解において古典文法は不可欠の知識であり、後述するように、本格的な漢文読解を実践するためには古典文法と漢文法の理解が必須となり、殊に文法に関する理解に課題を残している学生も少なくない。品詞の区別すら困難な学生がいる現状では、同一文字であっても品詞と語義を連動して把握すること、さらには品詞論から文の要素へとマクロに捉え直して読解する手法を前提とした講義では理解度に深刻な課題を残すことは改めて述べるまでもないであろう。実際、「治」字に対して、自動詞と他動詞の別のあることを日本語の口語文法において理解できない学生が八割を越えている状況にある。返り点を単に読む順番を示した記号として理解させるに留めるか、あるいは原文の文法構造の分析を踏まえ、日本語に再構成するための記号と理解させるのか、これは授業実践において教授者が事前に一貫した方針を設定しておく必要があろう。勿論、前者に留まるのならば、漢文の読解は書き下し文によるそれとなり、白文の文献への拡張は困難となる。後者の方針を採用すると、文法の解説に相当の授業時間を費やし、「鑑賞」「研究」への展開に至らない状況も想定され得る。

一方で、学生の漢文に対する興味の在り方にも注目すべき変化があるようである。中国文学・中国文化への関心度を問うた調査では、以下のように高い関心を抱いていることが指摘できる。

【中国文学・中国文化への関心度】

- かなり関心がある…………………………一三％
- どちらかといえば関心がある………………五九％
- どちらかといえば関心はない………………一九％
- 全く関心はない……………………………九％

右のように、中国文学・中国文化への関心度は高く、受講生の七二％は関心があると回答している。問題となるその内容は、自由回答にて以下のようなコメントがあった。

【「関心がある」と回答した学生の具体的な興味の対象】

- 中国の食文化（飲酒文化）
- 故事成語の出典を勉強したい
- 中国と日本の死生観（宗教など）
- 現代中国人の古典文学に対する考え方
- 陰陽五行説について
- 易の思想について
- 中国の神話について
- 纏足などの風習について
- 日本における中国文化の影響について

・諸子百家の思想について
・中国史について
・漢詩について
・中国古典文学を読みたい

学生の興味の所在は、右に列挙したように、概論的な内容に留まるものが多い。勿論、初学者に明確な問題意識を求めることには無理があるが、受講する学生が漢文学・中国文学を受講する動機としては、シラバスに掲載するテキストに対する関心よりは、それに付随する文化的な側面により関心があるという現状は押さえておく必要があろう。原典と向き合って読解の精度を高める作業は、右の回答に見える関心の所在とは相当の乖離がある。学生の関心に留まる内容を講義することは皮相的な解説に留まる可能性があろう。

以上の調査結果を整理しておこう。

大学入試などに向けて自覚的に漢文を学習しないままに大学に入学してきた学生の傾向は、まず漢文の学習と漢字の学習の区別がつかない状況にあるということである。そして読解を支える基礎となる文法の理解に課題を残しているため、漢字の語義の理解から文章の読解に展開することが困難な状況にある。中国文学や中国文化に対する関心は高いが、それに留まると鑑賞・研究への展開が期待できないということになろう。

三、講義に関する実践報告

本節では実際の講義の内容を実践報告の形で報告しよう。

選択科目として設置されている本学の「中国文学」では、初学者向けの内容に徹する方針で、教材を志怪小説『捜神記』としている。これは学生の関心に訴える内容があるだけでなく、一話が比較的短文で、一回の講義で完結させることが容易である、という利点がある。以下に実際に講義で使用している資料を掲げる。講義は二回で一つのテーマとなっている。以下に挙げたものは、「童謡」をテーマとした箇所で、一回目の講義では本文の詳細な解説を行い、二回目の講義では版本の影印を含む白文の資料を使用している。本講義にて使用するテキストは全て同様の構成になっている。

まずは『捜神記』の原文に返り点のみを施した本文を掲げてある。講義においてはまず書き下し文を読み上げ、配付資料に送り仮名を施すことを課題とする。テキストを全て旧字体での表記としているのは、後に白文資料を検討する際に、文字の問題に戻らないための工夫であり、読解においては全ての旧字に対して通行字を板書している。一回目の講義においては、読解に際しては文法的な解説は可能な限り割愛し、全体の文意の理解を目標とする。ここで注意すべきは、多くの学生が日本語訳をノートに転記することに専念してしまうことである。『捜神記』はすでに竹田晃氏の訳本が刊行されているので、講義のガイダンス時に紹介し、必要に応じて図書館にて参照するように指導しておき、講義においては日本語訳のメモを最小限に留めるように事前指導を行っている。

二回目の講義では、「童謡」や「城市陥没説話」などをテーマに、より「鑑賞」に重点を置いた解説を行い、併せて関連する資料との比較検討を行うことになる。毎回七〇名を越える受講生がいるものの、学生との意見交換を中心にした形態で行うように留意している。例えば、「長水縣」の条では、「主簿令幹」以下の記述が不可解で、「明府亦作魚」までのエピソードが挿入されたことがどのような問題を惹起しているのか、という議論や、「童謡」の志怪小説における意味を議論し、そこで出された意見を検証するために必要な調査の方法などについて補説する、という形になる。この議論を有意義にするためにも、一回目の講義における読解は極めて重要であり、これにより他出資料については白文のままに議論の展開が可能となる。実際、異文となっている箇所についての質問はあるものの、全体の解説を求められることはない。

こうして二コマを一セットとして、一回目を読解に、二回目を鑑賞に、それぞれ割り当て、読解においては高等学校までの復習を取り入れ、鑑賞においては学生の関心の高い文化的な側面や時代背景の説明、原文に立脚した問題設定の方法やその解決法に至るプロセスを解説する講義を実践している。

以上のような方針で実施している本講義に対する学生からの印象を以下に掲げよう。

【大学の「中国文学」の講義の印象】

- 解釈だけに限定されず内容の広がりがある。
- 様々な資料を使うのが面白かった。
- 自分で調べてみようと思えた。
- 翻訳で読んでいたが、原文を読んで印象が変わった。
- 堅い漢文を柔らかく説明していて良かった。
- 重要な箇所がどこであるか掴めなかった。
- 教材や資料がいかにも大学的だった。

【荊州童謡】

建安初、荊州童謡。曰、八九年閒始欲レ衰、至二十三年一無二子遺一。言、自二中興一以來、荊州獨全。及二劉表爲一レ牧、民有二豐樂一。至二建安九年一、當二始衰一。始衰者、謂二劉表妻死、諸將並零落一也。十三年無二子遺一者、表又當レ死、因以喪敗也。是時華容有二女子一。忽啼呼曰、將レ有二大喪一。言語過差、縣以爲二妖言一、繫レ獄。月餘、忽於二獄中一哭曰、劉荊州今日死。華容去レ州數百里。即遣二馬吏一驗視、而劉表果死。縣乃出レ之。續又歌吟曰、不レ意、李立爲二貴人一。後無レ幾、曹公平二荊州一。以二涿郡李立、字建賢一、爲二荊州刺史一。

【長水縣】

由拳縣、秦時長水縣也。始皇時、童謡曰、城門有レ血、城當二陷沒爲一レ湖。有レ嫗聞レ之、朝朝往窺。門將欲レ縛レ之。嫗言二其故一。後門將以二犬血一塗レ門。嫗見レ血、便走去。忽有二大水一欲レ沒レ縣。主簿令幹、入白レ令。令曰、何忽作レ魚。幹曰、明府亦作レ魚。遂淪爲レ湖。

・參考資料①／荊州童謠／陳壽撰『三國志』卷八一／裴松之注引『搜神記』

建安初，荊州童謠曰：「八九年閒始欲衰，至十三年無孑遺。」言自中興以來，荊州無破亂，及劉表爲牧，〔民〕又豐樂，至此逮八九年。當始衰者，謂劉表妻當死，諸將並零落也。十三年無孑遺者，言十三年表又當死，民當移詣冀州也。〔一〕

〔一〕干寶搜神記曰：「是時華容有女子忽啼呼云：『〔荊州將〕有大喪！』言語過差，縣以爲妖言，繫獄百餘日，忽於獄中哭曰：『劉荊州今日死。』華容去州數〔日〕〔百里〕，即遣馬〔吏〕驗視，〔而劉〕表果死。縣乃出之。續又歌吟曰：『不意李立爲貴人。』後無幾，曹公平荊州，以涿郡李立，字建賢，爲荊州刺史。」

・參考資料②／長水縣／『初學記』卷七「湖第二」事對「城陷」條所引『搜神記』

縣淪 城陷 趙曄吳越春秋海鹽縣淪爲招湖徙居武原鄉故越地也干寶搜神記曰由權縣秦時長水縣始皇時童謠曰城門有血城當陷沒爲湖有嫗聞之朝朝往窺門將欲縛之嫗言其故後門將以犬血塗門嫗見血走去忽有大水欲沒縣主簿令幹入白令令曰何忽作魚幹曰明府亦作魚遂淪爲湖

・參考資料③／長水縣／『太平廣記』卷四六八「長水縣」所引『神鬼記』

長水縣

秦時。長水縣有童謠曰。城門當有血。則陷沒爲湖。有老嫗聞之。憂懼。旦旦往窺焉。門衛欲縛之。嫗言其故。嫗去後。門衛殺犬。以血塗門。嫗又往。見血走去。不敢顧。忽有大水。長欲沒縣。主簿何幹入白令。令見幹曰。何忽作魚。幹曰。明府亦作魚矣。遂淪陷爲谷。出神鬼傳

・參考資料④／長水縣／『淮南子』「俶眞訓」・高誘注

聚木曰叢深草曰薄熱及之田獵不時也由此觀之、體道者不專在于我、亦有繫于世矣。夫歷陽之都、一夕反而爲湖。巧吉按反太平御覽作化勇力聖知與罷怯不肖者同命。歷陽淮南國之縣名今屬江都昔有老嫗常行仁義有二諸生過之謂曰此國當沒爲湖謂嫗視東城門閫有血便走上北山勿顧也自此嫗便往視門閫閽者問之嫗對曰如是其暮門吏故殺雞血塗門閫明旦老嫗早往視門見血便上北山國沒爲湖與門吏言其事適一宿耳一夕旦而爲湖也勇怯同命無遺脫也

・參考資料⑤／長水縣／『述異記』卷上

和州歷陽淪爲湖昔有書生遇一老姥姥待之厚生謂姥曰此縣門石龜眼血出此地當陷爲湖姥後數往視之門吏問姥姥具答之吏以硃點龜眼姥見遂走上北山顧城遂陷爲今湖中有明府魚奴魚婢魚信安郡石室山晉時王質伐木至見童子數人棊而歌質因聽之童子以一物與質如棗核質含之不覺饑俄頃童子謂曰何不去質起視斧柯盡爛既歸無復時人

・白文に返り点を付ける作業は楽しかった。
・高校で漢文を勉強していなかったので、授業についていけなかった。
・一つの漢字を成立から意味の変遷までじっくり解説していて印象深かった。
・高校と比べて先生が自由に講義をしている。
・解釈にいくつかの説が出て、面倒だった。
・考え方や見方をかえると解釈が異なってしまうことに戸惑った。

四、教職課程特別プログラム

本学日本文化学科では教職課程において、中学・高等学校の国語科教諭の資格を取得することができる。本学における「中国文学」の講義はこの教員養成の必修科目としての位置づけがなされている。本学の教務指導により、教職課程の履修希望者には「中国文学」を一年次に履修することを推奨している。それは一般学生に選択科目として設置されている本講義では教員養成に対する十分な教育内容とはならないという現状を踏まえている。

本学日本文化学科では教員養成のための特別プログラムを教職課程とは別に設置し、教員として十分な専門教育を施す試みを二〇〇七年度より開始している。具体的には二年次よりこのプログラムが適用され、三年間継続するプログラムである。尚、このプログラムは卒業単位に認定される通常の講義と、所謂「補習（特別講習）」から構成され、教職課程を履修している学生のみが受講可能となっている。「特別講習」は本学専任教員と外部講師により、週一回、放課後（一八時三〇分〜二一時三〇分）に実施される。現代文・古文・漢文の基礎力の涵養を主眼とするプログラムの全容を掲げることは省略に従うが、今、漢文分野に関わる部分を掲げる。

【聖学院大学日本文化学科教職課程特別プログラム】

- 一年秋学期…中国文学
- 二年春学期…教えるための古典Ⅰ＋特別講習（現代文・古典文法）
- 二年秋学期…教えるための古典Ⅱ＋特別講習（現代文・古典文法）
- 三年春学期…教えるための古典Ⅲ＋特別講習（古典・漢文）
- 三年秋学期…教えるための古典Ⅳ＋特別講習（古典・漢文）
- 四年春学期…教職演習A＋特別講習（古典・漢文・模擬授業）
- 四年秋学期…教職演習B＋特別講習（古典・漢文・模擬授業）

「教えるための古典」はⅠからⅣまでを段階的に取得する講義で、前半と後半に分けて古文分野と漢文分野の講義を行う形式となっている。古文と漢文はそれぞれ一名の教員が二年間連続して担当する。講義内容については、漢文分野では以下のような構成と成っている。

- 教えるための古典Ⅰ……【散文編】漢文法・訓読法・諸子百家の文章
- 教えるための古典Ⅱ……【韻文編】古代漢語の音韻学・反切法・近体詩平仄式
- 教えるための古典Ⅲ……【史伝編】『春秋（三伝）』『史記（三家注・会注考証）』『漢書（顔師古注）』
- 教えるための古典Ⅳ……【文学史】中国文学史・日本漢文学史

右の講義内容は高等学校までの漢文の復習に留まらず、より専門性の高い内容に及ぶように配置されている。特に「教えるための古典Ⅰ」においては漢文訓読と返り点の習熟のために前掲の課題プリントを作成し、受講生は二〇枚の課題を制限時間内に完成する課題が与えられる。この課題プリントは徐子光注『蒙求』を素材としているが、それは著名な故事を知る上で、また分量的にも適切な素材であり、課題としては書き下し文を参照して白文に返り点と送り仮名を施すだけの内容ではあるものの、注を記載することで、本文の内容理解に及ぶ構成としている。尚、現代文については「教えるための現代文」という科目も設置してあり、「国語科教育法」との連携がなされている。

四年次に履修を勧めている「教職演習A・B」は、教員採用試験対策の側面があり、過去の問題を分析し、問題作成の具体的な手法を、演習を通して習得する内容となっている。この演習により、将来、教員として試験問題を作成する上でのノウハウを学ぶことになる。勿論、現代文・古文・漢文のそれぞれの素材を対象としている。

また、特別講習は「教えるための古典」と連動し、本プログラム実施の一回生の具体的な内容は、

- 二年次特別講習……「桃花源記」「長恨歌」「長恨歌伝」
- 三年次特別講習……『韓非子集解』初見秦篇講読
- 四年次特別講習……白楽天「新楽府」を素材にした模擬講義

を行った。尚、特別講習で使用する教材は全て白文である。

本学の教員養成のための特別プログラムを実施した最初の卒業生に、東京都の教員採用試験で現役の合格者を得たことを記しておきたい。

教えるための古典・漢文課題

學籍番號

氏名

○書き下し文を參照して白文に返り點と送り假名を施しなさい。

【燕昭築臺】

史記、燕昭王即位、卑身厚幣、以招賢者。謂郭隗曰、齊國因孤之國亂而襲破燕。孤極知燕小力少、不足以報。然誠得賢士以共國、以雪先王之恥、孤之願也。先生視可者。得身事之。隗曰、王必欲致士、先從隗始。況賢於隗者、豈遠千里哉。於是昭王爲隗改築宮而師事之。樂毅自魏往、鄒衍自齊往、劇辛自趙往。士爭趍燕。後與秦・楚・三晉合謀伐齊敗之。齊城之不下者、唯聊・莒・即墨。餘皆屬燕。孔文擧與曹公書曰、昭王築臺以尊郭隗。鮑昭樂府曰、豈伊白璧賜、將起黃金臺。注云、燕昭王置千金於臺上、以延天下之士。

【燕昭築臺《えんせうちくだい》】

史記《しき》にいふ、燕《えん》の昭王《せうわう》位《くらゐ》に即《つ》くや、身《み》を卑《いや》しうし幣《へい》を厚《あつ》くして、以《もつ》て賢者《けんじや》を招《まね》く。郭隗《くわくくわい》に謂《い》ひて曰《いは》く、齊國《せいこく》は孤《こ》の國《くに》の亂《みだ》るるに因《よ》りて襲《おそ》うて燕《えん》を破《やぶ》る。孤《こ》、極《きは》めて知《し》る、燕小《えんせう》にして力少《ちからすく》なく、以《もつ》て報《むく》ゆるに足《た》らざるを。然《しか》れども誠《まこと》に賢士《けんし》を得《え》て以《もつ》て國《くに》を共《とも》にし、以《もつ》て先王《せんわう》の恥《はぢ》を雪《すす》がんは、孤《こ》の願《ねが》ひなり。先生可《せんせいか》なる者《もの》を視《しめ》せ。身之《みこれ》に事《つか》ふるを得《え》ん、と。隗曰《くわいいは》く、王必《わうかなら》ず士《し》を致《いた》さんと欲《ほつ》せば、先《ま》づ隗《くわい》より始《はじ》めよ。況《いは》んや隗《くわい》より賢《かしこ》き者《もの》は、豈《あ》に千里《せんり》を遠《とほ》しとせんや、と。是《ここ》に於《おい》て昭王《せうわう》隗《くわい》の爲《ため》に改《あらた》めて宮《きゆう》を築《きづ》きて之《これ》に師事《しじ》す。樂毅《がくき》が魏《ぎ》より往《ゆ》き、鄒衍《すうえん》は齊《せい》より往《ゆ》き、劇辛《げきしん》は趙《てう》より往《ゆ》く。士爭《しあらそ》って燕《えん》に趍《おもむ》く。後《のち》、秦《しん》・楚《そ》・三晉《さんしん》と謀《はかりごと》を合《あ》はせ齊《せい》を伐《う》ちて之《これ》を敗《やぶ》る。齊《せい》の城《しろ》の下《くだ》らざる者《もの》、唯聊《ただれう》・莒《きよ》・即墨《そくぼく》のみ。餘《よ》は皆燕《みなえん》に屬《ぞく》す。孔文擧《こうぶんきよ》、曹公《さうこう》に與《あた》ふる書《しよ》に曰《いは》く、昭王《せうわう》、臺《だい》を築《きづ》きて以《もつ》て郭隗《くわくくわい》を尊《たつと》ぶ、と。鮑昭《はうせう》の樂府《がふ》に曰《いは》く、豈《あ》に伊《こ》れ白璧《はくへき》の賜《たまもの》のみならんや、將《まさ》に黃金臺《わうごんだい》を起《お》さんとす、と。注《ちゆう》に云《い》ふ、燕《えん》の昭王千金《せうわうせんきん》を臺上《だいじやう》に置《お》き、以《もつ》て天下《てんか》の士《し》を延《ひ》く、と。

【注】

○孤之國亂…「孤」は王侯の一人稱。ここでは「燕の昭王」自身をいう。燕の易王は國をその大臣であった子之に譲り、自分は臣となった。そのため國内は大いに亂れた。

○誠…「もし」の意。　○先王之恥…「先王」は昭王の父、易王のこと。易王は齊に攻められ殺された。

○樂毅…燕を助けて齊と戰い、齊の七十餘城を下した。　○鄒衍…陰陽五行説を立てた學者。

○三晉…晉國が韓・魏・趙に分裂したので「三晉」という。

○孔文擧…後漢の孔融、字は文擧。『文選』卷四十一に曹公（曹操）に與えた書が殘されている。

○鮑昭…「照」が正しい。人名。鮑昭の樂府は『文選』卷二十八に「放歌行」と題して殘されている。

○樂府…漢詩の一體。句に長短あり、一定していない。

教えるための古典・漢文課題

學籍番號

氏名

○書き下し文を參照して白文に返り點と送り假名を施しなさい。

【伏波標柱】

後漢馬援字文淵、扶風茂陵人。少有大志。嘗謂賓客曰、丈夫爲志、窮當益堅、老當益壯。建武中歷虎賁中郎將、數被進見。爲人明鬚髪、眉目如畫、閑於進對。又善兵策。帝嘗言、伏波論兵、與我意合。有謀未嘗不用。後交阯女子徵側等反、蠻夷皆應之。拜援爲伏波將軍、擊破之、封新息侯。援乃擊牛釃酒、勞饗軍士。將樓船戰士、進擊餘黨、嶠南悉平。後復請擊武陵五溪蠻夷。時年六十二。帝愍其老。援曰、臣尚能被甲上馬。帝令試之。援據鞍顧眄、以示可用。帝笑曰、矍鑠哉是翁也。遂遣征之。進營壺頭。會暑甚中病卒。廣州記曰、援到交阯、立銅柱爲漢之極界。

【伏波標柱《ふくはへうちゆう》】

後漢《ごかん》の馬援字《ばえんあざな》は文淵《ぶんえん》、扶風茂陵《ふふうもりよう》の人《ひと》なり。少《せう》にして大志《たいし》有《あ》り。嘗《かつ》て賓客《ひんかく》に謂《い》ひて曰《いは》く、丈夫志《ぢやうふこころざし》を爲《な》す、窮《きう》しては當《まさ》に益堅《ますますかた》かるべく、老《お》いては當《まさ》に益壯《ますますさかん》なるべし、と。建武中虎賁中郎將《けんぶちゆうこほんちゆうらうしやう》を歷《へ》、數進見《しばしばしんけん》せらる。人《ひと》と爲《な》り鬚髪明《しゆはつあき》らかに、眉目畫《びもくゑが》けるが如《ごと》く、進對《しんたい》に閑《なら》へり。又兵策《またへいさく》を善《よ》くす。帝嘗《ていつね》に言《い》ふ、伏波《ふくは》の兵《へい》を論《ろん》ずる、我《わ》が意《い》と合《あ》ふ、と。謀《はかりごと》有《あ》れば未《いま》だ嘗《かつ》て用《もち》ゐずんばあらず。後交阯《のちかうし》の女子徵側《ぢよしちようそく》等反《らはん》し、蠻夷皆之《ばんいみなこれ》に應《おう》ず。援《えん》を拜《はい》して伏波將軍《ふくはしやうぐん》と爲《な》し、擊《う》って之《これ》を破《やぶ》り、新息侯《しんそくこう》に封《ほう》ぜらる。援乃《えんすなは》ち牛《うし》を擊《う》ち酒《さけ》を釃《こ》し、軍士《ぐんし》を勞饗《らうきやう》す。樓船《ろうせん》の戰士《せんし》を將《ひき》ゐて、進《すす》んで餘黨《よたう》を擊《う》ち、嶠南悉《けうなんことごと》く平《たひ》らぐ。後復武陵五溪《のちまたぶりようごけい》の蠻夷《ばんい》を擊《う》たんことを請《こ》ふ。時《とき》に年六十二《としろくじふに》なり。帝其《ていそ》の老《お》いたるを愍《あはれ》む。援曰《えんいは》く、臣尚能《しんなほよ》く甲《かふ》を被《かうむ》り馬《うま》に上《のぼ》る、と。帝之《ていこれ》を試《こころ》みしむ。援鞍《えんくら》に據《よ》りて顧眄《こべん》し、以《もつ》て用《もち》ふべきを示《しめ》す。帝笑《ていわら》って曰《いは》く、矍鑠《くわくしやく》たるかな是《こ》の翁《をう》、と。遂《つひ》に遣《つかは》して之《これ》を征《せい》せしむ。進《すす》んで壺頭《ことう》に營《えい》す。暑甚《しよはなはだ》しきに會《あ》ひ病《やまひ》に中《あた》りて卒《しゆつ》す。廣州記《くわうしうき》に曰《いは》く、援交阯《えんかうし》に到《いた》り、銅柱《どうちゆう》を立《た》てて漢《かん》の極界《きよくかい》と爲《な》す、と。

【注】

○建武…後漢の孝武帝の年號　○虎賁中郎將…虎賁は天子の護兵をいう　○閑…習う、習熟すること

○伏波…伏波將軍の略、前漢の武帝が南越を征服した時に設けた將軍　○交阯…地名、現在のベトナムにある

○徵側…人名、詩索の妻の名。夫が交阯の太守に捕縛されたので謀反を起こした　○勞饗…ねぎらいもてなす

○嶠南…地名　○顧眄…「顧」も「眄」もともに「かえりみる」意

○矍鑠…老いて益々壯んなさまをいう

五、おわりに

以上、本学における漢文教育の実践の一端を紹介してきた。一定の成果はあるものの、課題は山積しているというのが正しい現状理解である。まずは大学生の基礎学力の問題である。語彙力・表現力については大学教育全体の問題としてあることは既に指摘した通りである。教員が注意深く学生のノートを観察すれば、教員が口頭の説明で用いた語彙が全く理解できていないことを容易に知ることができる。少なくとも教員は講義を通して学生の語彙力を増加させ、講義の素地を整えるという配慮が必要である。

また、「補講」型の授業や、補習を中心とした講義を多く設定する方法そのものにも問題はある。補講型のプログラムは相当の人的資産を投入して行う以上、効果は必ず出るはずである。しかしこれは大学教育の本来の姿ではない。やはり一斉授業から独学へと学習スタイルを変貌させる必要がある。これは卑近な表現に依れば「勉強の習慣」を身につけさせる、ということであるが、正確に言えば「勉強の方法」を知るということである。特にこれは大学の初年次の教育の大きな課題としてあり、さらに言えば高等学校との連携によって更なる効果も期待できよう。

本稿のテーマである大学における漢文教育に戻ろう。

本学の日本文化学科の受講生においても、中国文学・中国文化への関心は高い。しかし従来の講義スタイルの漢文学の授業では、漢文は漢字に解体され、その理解に留まる可能性が高い。よってカリキュラムにおいては段階的な教育を施すことが可能な形に編成することが重要である。その段階的なカリキュラムによって学生において醸成された中国文学・中国文化に対する関心を、大学における漢文教育に相応しい形に昇華させることが教員の責務ということになろう。

第三部　中国・韓国・欧州からのレポート

第一章

中国における「漢文教育」の特質を探る
——日本の漢文教育の改善に向けて——

丁　秋娜

一、はじめに

日本では漢文教育の衰退しつつある現状が深刻化している。中学校や高校での漢文の学習時間が年々削られ、大学入試に漢文を出題する大学も近年減少する一方である。生徒たちの漢文に対する関心度が低いのみでなく、漢文に苦手意識を持つ教員も増加している。

一方、隣国の中国では、文言文教学（日本の漢文教育にあたる）は語文教育（国語教育にあたる）で一大領域としての地位が確立されている。中学校と高校の教科書では文言文教材が全教材の三〇％以上を占めており、学習時間数が国語総時間のほぼ五〇％を占めている。作品の時代は、戦国時代から辛亥革命まで、三千年以上の時代にわたっている。

本稿では、中国における「漢文教育」を教育課程、教科書、試験問題及び指導実践例等から考察し、その特質を明らかにする。その結果を踏まえて、日本の漢文教育に役立てる方策の提案を試みたい。

二、中国の「漢文教育」の特質について

(一) 教育課程から考える「漢文教育」

中国では、二〇〇〇年から基礎教育の課程改革[1]がスタートした。その時まで各学科の教育目標、内容、方法、教材編纂などを規定していた「教学大綱[2]」が次第に使われなくなり、その代わりに「課程標準[3]」という新しい教育課程が誕生した。文言文教学の語文教育における位置づけについては、「全日制義務教育語文課程標準（実験稿）」（小学校・中学校）と「普通高中語文課程標準（実験稿）」（高等学校）から伺うことができる。以下にその概要を紹介する。

① 「全日制義務教育語文課程標準」（小学校・中学校）

小学（六年）・中学（三年）の九年一貫教育カリキュラムが実施されていることが大きな特徴である。また、義務教育の九年間は、第一学段（一－二年）、第二学段（三－四年）、第三学段（五－六年）、第四学段（七－九年）の四つの学段に分けられている。各学段の目標は「識字と写字」「閲読（読むこと）」「作文」「口語交際（話すこと・聞くこと）」「総合性学習」の五大領域に分けられており、文言文教学は「閲読」に位置づけられている。「課程標準」の「総目標」では、文言文教学の目標として、「辞書などの助けを借りて平易な文言文を読めること」が明確に示されている。また「段階目標」では、それぞれの学段に相応する目標は以下のようになっている。

第一学段（一－二年）：童謡と平易な古詩を朗読させ、豊かな想像力を膨らませる。初歩的な情感体験をさせ、言

葉の美しさを感じさせること。

第二学段（三－四年）：優秀詩文を朗読させ、作者の感情を体得させる。優秀詩文を五〇首暗誦すること。

第三学段（五－六年）：優秀詩文を朗読させ、詩文の声調、リズムなどを通して作品の内容と感情を体得させる。優秀詩文を六〇首暗誦すること。

第四学段（七－九年）：古代の詩文を朗読させ、その蓄積、体得と運用により、意識的に自らの鑑賞力と審美情趣を高める。注釈や辞書などの助けを借りて平易な文言文を読めること。優秀詩文を八〇首暗誦すること。


ここに見るように、義務教育段階の文言文指導は、朗読・暗誦活動を主にして行われている。特に小学生の子どもには、頭で考えさせることより、目と耳で作品を楽しませるほうが興味関心を引き学習意欲を向上させるのに効果的だと考えられる。中学生には朗読・暗誦をさせるうえ、さらに文言詩文の読解と古典文法の学習が求められる。感性の体得から理性の深化のように、目標達成の難易度が徐々に高まるように配置されている。

② 「普通高中語文課程標準」（高等学校）
高校の場合、語文学習は「必修課程」と「選択課程」の二つに分けられている。ここでは、「必修課程」における文言文教学の位置づけを具体的に見てみたい（番号は原典のものである）。

八、中国の古代の優秀作品を学習し、その中に体現する民族精神を体得し、伝統文化に対する認識を積み上げていく。史的な立場から古代文学の内容と価値を理解し、民族の知恵を吸収すること。また現代の観念で作品を評価し、その積極的な意義と否定的・消極的な部分を見分けること。
九、注釈と辞書を参考にして、字句の意味と文章の内容を理解し、平易な文言文を読む力を身につける。常用文言実字・虚字・文型の意味と使い方を理解しその知識を整理することにより、新しい詩文を読む際に類推できること。古代詩文を朗読し、一定の量の名作を暗誦すること。

高校生は、小中学校の学習を通して、基本的な読解力を身につけている。そこで、高校の文言文教学は、言葉・句法及び文章の内容を正しく理解させるだけでなく、作品に表れた作者の思想や感情を的確に読み取らせ、古典素養を高めることに指導の重点を置いている。

(二) 国語科教科書から考える「漢文教育」

中国では長い間全国統一の教科書を使っていたが、八〇年代末に検定制の導入により、様々な教科書が登場してきた[4]。ここでは、人民教育出版社が出版した語文教科書を分析の対象とする。半世紀以上、全国統一の教材として使われていたため、諸教材においてもっとも権威を持っており、分析の対象に最適であると思われる。

一冊の教材は六単元からなっており、一～四単元が現代文と外国文学で、五～六単元が文言文という構成が一般的である。文言文教材の割合は三〇％ぐらい占めている。各単元は平均五教材からなっており、精読教材と略読教材が区別されている。精読教材は、一教材につき二～三時間かけているのに対し、略読教材は一般に一教材につき一時間扱いになっている。

以下に小中高の教科書における文言文教材を表にまとめて提示する。「文言詩」と「文言文」に分類し、使用する学年、出版年月、作者を添えて並べることとする。

〔表1〕『語文』（第一冊～第十二冊）　人民教育出版社小学語文室編　人民教育出版社

学年	教材	出版年月	文言詩	文言文
一年	第一冊	二〇〇三・一〇	静夜思（李白・盛唐）	
	第二冊	二〇〇三・一〇	所見（袁枚・清）　小池（楊万里・南宋） 春暁（孟浩然・盛唐）　村居（高鼎・清）	
二年	第三冊	二〇〇四・四	贈劉景文（蘇軾・南宋）　山行（杜牧・晩唐） 回郷偶書（賀知章・盛唐）　贈汪倫（李白・盛唐）	
	第四冊	二〇〇三・一〇	草（白居易・中唐）　宿新市徐公店（楊万里・南宋） 望廬山瀑布（李白・盛唐）　絶句（杜甫・盛唐）	
三年	第五冊	二〇〇四・六	夜書所見（葉紹翁・南宋）　九月九日憶山東兄弟（王維・盛唐） 望天門山（李白・盛唐）　飲湖上初晴後雨（蘇軾・南宋）	
	第六冊	二〇〇三・一二	詠柳（曾鞏・北宋）　春日（朱熹・南宋） 乞巧（林傑・唐）　嫦娥（李商隠・晩唐）	
四年	第七冊	二〇〇三・一〇	題西林壁（蘇軾・南宋）　送元二使安西（王維・盛唐） 遊山西村（陸遊・南宋）　黄鶴楼送孟浩然之広陵（李白・盛唐）	
	第八冊	二〇〇四・一二	独坐敬亭山（李白・盛唐）　望洞庭湖（劉禹錫・中唐） 憶江南（白居易・中唐）　四時田園雑興（範成大・南宋） 郷村四月（翁巻・南宋）　漁歌子（張志和・中唐）	
五年	第九冊	二〇〇六・一〇	泊船瓜洲（王安石・北宋）　秋思（陸游・南宋） 長相思（李白・盛唐）	

	第十冊	二〇〇三・六	牧童（呂岩・宋）　船過安仁（楊万里・南宋）　清平楽・村居（辛棄疾・南宋）	
六年	第十一冊	二〇〇四・六	采薇（『詩経』）　春夜喜雨（杜甫・盛唐）　西江月（辛棄疾・南宋）　天浄沙・秋（白朴・元）	
	第十二冊	二〇〇六・一二	古詩文暗誦単元：　七歩詩（曹植・三国）　芙蓉楼送辛漸（王昌齢・盛唐）　鳥鳴澗（王維・盛唐）　聞官軍収河南河北（杜甫・盛唐）　竹石（鄭燮・清）　江畔独歩尋花（杜甫・盛唐）　已亥雑詩（龔自珍・清）　石灰吟（于謙・明）　浣溪沙（晏殊・北宋）　卜算子送鮑浩然之漸東（王観・北宋）	学奕（『孟子』）　両小児弁日（『列子』）

〔表2〕『語文』人民教育出版社中学語文室編　人民教育出版社

学年	教材	出版年月	文言詩	文言文
七年	七年上	二〇〇六・五	観滄海（曹操・三国）　西江月（辛棄疾・南宋）　次北固山下（王湾・盛唐）　天浄沙・秋思（馬致遠・元）　銭塘湖春行（白居易・中唐）	
	七年下	二〇〇四・一二	課外古詩文暗誦単元：　春夜洛城聞笛（李白・盛唐）　竹里館（王維・盛唐）など計一〇編	傷仲永（王安石・北宋）　夸父逐日（『山海経』）　両小児弁日（『列子』）　*狼（蒲松齢・清）
八年	八年上	二〇〇三・六	詩三首（望岳・春望・石壕吏）（杜甫・盛唐）	桃花源記（陶淵明・晋）

			帰園田居（陶淵明・晋） 使至塞上（王維・盛唐） 渡荊門送別（李白・盛唐） 遊山西村（陸遊・南宋）	陋室銘（劉禹錫・中唐） 愛蓮説（周敦頤・北宋） 核舟記（魏学洢・明） 大道之行也（『礼記』） 三峡（酈道元・南北朝） 答謝中書書（陶弘景・南朝） 記承天寺夜遊（蘇軾・北宋）
	八年下	二〇〇三・六	酬楽天揚州初逢席上見贈（劉禹錫・中唐） 赤壁（杜牧・晩唐） 過零丁洋（文天祥・南宋） 水調歌頭（蘇軾・北宋） 山坡羊・潼関懐古（張養浩・元） 飲酒（陶淵明・晋） 行路難（李白・盛唐） 茅屋為秋風所破歌（杜甫・盛唐） 白雪歌送武判官帰京（岑参・盛唐） 己亥雑詩（龔自珍・清）	与朱元思書（呉均・南朝） 五柳先生伝（陶淵明・晋） 馬説（韓愈・中唐） 送東陽馬生序（宋濂・明） 小石潭記（柳宗元・中唐） 岳陽楼記（范仲淹・北宋） 酔翁亭記（欧陽修・北宋） 満井遊記（袁宏道・明）
九年	九年上	二〇〇三・六	望江南（温庭筠・晩唐） 江城子・密州出猟（蘇軾・北宋） 漁家傲（范仲淹・北宋） 破陣子・為陳同甫賦壮詞以寄之（辛棄疾・南宋） 武陵春（李清照・南宋）	陳渉世家（司馬遷・漢） 唐雎不辱使命（劉向・漢） 隆中対（陳寿・晋） 出師表（諸葛亮・三国）
	九年下	二〇〇三・六	関雎　蒹葭（『詩経』）	公輸『墨子』

得道多助、失道寡助（『孟子』） 生于憂患、死于安楽（『孟子』） 魚我所欲也（『孟子』） 恵子相梁（『荘子』） 荘子与恵子游于濠梁（『荘子』） 曹劌論戦（『左伝』） 鄒忌諷斉王納諫（『戦国策』） 愚公移山（『列子』）

注：教材は精読教材と略読教材に分類され、「*」がついてある作品は略読教材である。以下同様。

〔表3〕『語文』 人民教育出版社中学語文室編　人民教育出版社

学年	教材	出版年月	教材名 文言詩	教材名 文言文
高一	第一冊	二〇〇四・一二		蘭亭集序（王羲之・晋） 赤壁賦（蘇軾・北宋） *山中与裴秀才迪書（王維・盛唐） *遊褒禅山記（王安石・北宋）
	第二冊	二〇〇三・一〇	渉江采芙蓉（『古詩十九首』） 短歌行（曹操・三国） 帰園田居（其一）（陶淵明・晋）	氓・采薇『詩経』） 離騒（屈原・戦国） 孔雀東南飛（漢楽府民歌） 燭之武退秦師（『左伝』） 荊軻刺秦王（『戦国策』）

				鴻門宴（司馬遷・漢） *召公諫厲王弭謗（『国語』）
高二	第三冊	二〇〇六・一〇	蜀道難（李白・盛唐） 琵琶行（白居易・中唐） *錦瑟　馬嵬（其二）（李商隠・晩唐） 秋興八首（其一）　詠懐古跡（其三） 登高（杜甫・盛唐）	寡人之于国也（『孟子』） 勧学（『荀子』） *過秦論（賈誼・漢） *師説（韓愈・中唐） *六国論（蘇洵・北宋）
	第四冊	二〇〇四・六	望海潮・雨霖鈴（柳永・北宋） 念奴嬌・赤壁懐古　定風波（蘇軾・北宋） 水龍吟・登建康賞心亭 永遇楽・京口北固亭懐古（辛棄疾・南宋） *酔花陰　声声慢（李清照・南宋）	廉頗藺相如列伝（司馬遷・漢） 蘇武伝（班固・漢） 張衡伝（範曄・南朝） *李賀小伝（李商隠・晩唐）
高三	第五冊	二〇〇三・六		帰去来兮辞（陶淵明・晋） 滕王閣序（王勃・初唐） *逍遥遊（荘周・戦国） *陳情表（李密・隋）
	第六冊	二〇〇四・一〇		

〔表1〕に見るように、小学校の文言文教材は李白・杜甫・白居易を中心とする、人々に愛誦されてきた唐詩が多い。色彩が豊かな作品が多くあり、子どもたちにイメージを持たせやすい。〔表2〕の中学校の教材は「詩」と「文」をバランスよく取り上げている。一方、高校の場合は、思想性・論理性が強く、内容が難しい作品を多く取り入れる傾向が見られる。〔表3〕の高校一年は散文を主にし、引き続き易しい文言文を読む能力を育てることに

重点を置く。高校二年と三年の教材には文学作品を多く取り入れ、文学作品の鑑賞と評価の指導を重点的に行う。

以上の調査結果から、文言文教材の特徴をまとめてみると、次の二点が指摘できる。

第一点目は同一作者の複数の作品が取り上げられていること。例として李白の作品を見ると、小学校では六作品、中学校では四作品が収録されている。杜甫の作品は、小学校では四作品、中学校では五作品、高校では三作品となっている。また、陶淵明の作品は中学校で四作品、高校で三作品が取り上げられている。学習の連続性・積み上げには有効であると考えられる。

第二点目は教訓的内容、思想性のある教材が多く見られること。「課程標準」の「総目標」では、「語文は最も重要なコミュニケーション手段であり、人類文化の重要な部分である。工具性（コミュニケーション）と人文性（文化）の統一は語文課程の基本特徴である」ことを大きく打ち出している。また「教材編纂の提案」では、表現も思想性も優れていることを教材選定の基準として示している。例えば、陶淵明の作品が多く取り上げられている理由は、田園詩人としてその詩の文学的価値が高いことはもちろん、それと同時に江南の好風景は現実社会の暗黒と対照的になるという教訓的内容にもあると考えられる。

(三) 試験問題から考える「漢文教育」

中国では、「高考」（大学入学統一試験）が、一部地方を除いて、毎年六月七、八、九日の三日の日程で全国で一斉に行われる。日本よりも学歴が重視される中国では、「高考」は生徒たちの将来を左右する大事な試験のように見られる。教科書の編集と同じように、出題はもともと全国共通であったが、地域差と学力差に対応して、二〇〇〇年から各地方が出題するようになった。

「二〇〇六年普通高等学校招生全国統一考試大綱」(5) では、易しい文言文を読む能力が考察の目標であることが明確に示されている。また、文言文の読解力を三つのレベルに分けて示している。

1. 理解：①常用文言実詞の文における意味を理解すること、②常用文言虚詞の文における意味を理解すること、③現代語と違う句法と用法を理解すること、④文の意味を理解し現代語に翻訳すること。

2. 分析総合：①文から必要な情報を読み取ること、②作品内容の要点と中心を捉えること、③作者の見方と意図を分析してまとめること。

3. 鑑賞評価：①文学作品の形象・言葉・表現を鑑賞すること、②作品の思想内容や作者の見方と意図などについて評価すること。

「理解」は文言文読解における言語面の理解力を重点的に考察する。「分析総合」は主に文言作品の内容と思想を分析し総合的に概括する能力を考察する。「鑑賞評価」は理解と分析総合を踏まえて、さらに作品の内容と表現、作者の考えと意図を鑑賞し、的確に評価する能力を考察することで、難易度が最も高い考察項目である。

ここ数年の全国版及び各地の試験問題を調べることにより、出題される文章には人物伝記が圧倒的に多く、また文言文の出題は大問四題で約三〇点、満点一五〇点の二〇%ぐらいを占める比率で定着していることがわかる。設問の形式は、重要単語と基本句形についての文法知識の問題、文章の意味を正しく読み取るかどうかを考察するための四択式の問題または文章の大意を現代語でまとめさせる問題、文言文を現代語に翻訳させる問題、短い文章を読んで、作者の気持ちと考えに対する受験生の意見や評価を問う問題がよく見られる。

例をあげてみると、二〇〇七年度全国版の語文高考の試験問題における文言文部分の出題は、例年通り、大問四題の問題構成で三二点で、大きな変化が見られなかった。一方、北京市・上海市・江蘇省・広東省などを代表とした地方版の出題に目を向けると、いくつかの変更点が見られる。一つは、文言文に関する出題は語文全体に占める比率が、やや高くなったこと。例えば、上海市の場合、文言文部分は合計四二点で、全体の二八%まで占めている。

今一つは、文学作品を試験問題に取り上げ、出題の範囲が広げられたこと。例えば、広東省の出題では怪異小説の代表作『聊斎志異』（清・蒲松齢）の中の一篇が読解の材料として取り上げられた。これによって生徒たちが普段注目する題材は人物伝記にこだわらず、視野を広げてさまざまなジャンルの文章を楽しむことができる。最後にもう一つは、新たな設問の形式を導入したこと。例えば、句読点の施されていない文章（白文）を区切らせる問題が二〇〇七年のいくつかの地方版の入試問題に出てきた。古人の書いた原文を正確に区切ることができるかどうか、受験生の読解力と文言語感が問われる。

三、中国における「漢文」の指導実践例——上海の高校の場合

二〇〇六年一二月に、早稲田大学教育学部の教員が上海に行って小中高校の語文教育の視察を行った。わたくしは通訳として同行した。そこで、復旦大学附属中学（高等学校）で高校二年生の古典授業を参観した。この高校は上海においていわゆる「重点学校」（モデル校）であるため、先生も生徒も一般の高校より若干レベルが高い。教材は唐宋八大家の一人である柳宗元の散文「始得西山宴游記」（始めて西山を得て宴游する記）であった[6]。全文は以下のとおりである。

自余為戮人，居是州，恒惴栗。其隙也，則施施而行，漫漫而遊。日与其徒上高山，入深林，窮回渓；幽泉怪石，无遠不到。到則披草而坐，傾壺而酔，酔則更相枕以臥，臥而夢。意有所極，夢亦同趣。覚而起，起而帰。以為凡是州之山有異態者，皆我有也，而未始知西山之怪特。

今年九月二十八日，因坐法華西亭，望西山，始指異之。遂命僕人過湘江，縁染渓，斫榛莽，焚茅茷，窮山之

高而止。攀援而登，箕踞而遨，則凡数州之土壌，皆在衽席之下。其高下之勢，岈然洼然，若垤若穴，尺寸千里，攢蹙累積，莫得遁隠；縈青繚白，外与天際，四望如一。然后知是山之特出，不与培塿為類。悠悠乎与灝気倶，而莫得其涯；洋洋乎与造物者遊，而不知其所窮。引觴満酌，頽然就酔，不知日之入，蒼然暮色，自遠而至，至無所見，而猶不欲帰。心凝形釈，与万化冥合。然后知吾向之未始遊，遊于是乎始，故為之文以志。是歳元和四年也。

作品に描かれている自然美と作者の気持ちを体得させることが授業の目標となった。教材はB５版三頁で、タイトル・作者名・読みの提示・本文・注釈からなっている。すべて横書きで、簡体字で表記されている。本文の字数は三六七字であるのに対して注釈は四七ヶ所もある。高校生にとっても文言文はこれほど細かい注釈がなくては理解できないことがわかる。

以下、授業経過の概略を紹介し、考察を加えたい。

①　教師がタイトルと作者名を板書して、今まで習った柳宗元の作品を復習する。作品における暗記を求める部分を全員でそらんじる。

②　今まで習った柳宗元の山水作品について復習する。

・山水作品の特徴を「山―幽静、水―清雅、境―空寂、情―哀惘」にまとめて板書する。

・水・山・境・情に関わる名文を回想して答えさせる。教師は適切な解説を加える。

③　教材本文への導入をする。

・難読漢字の発音を確認する。

・本文教材を斉読させる。

・読み間違った字の発音を確認する。

④　全文の読解。

・重要動詞について意味を確認する。

・難しいと思われる文を現代語に訳させる。

・作者の生活と精神の状態を反映する文を探させる。

・「西山」の特徴の「怪特」について理解させる。

・「怪特」について自分の理解をわかりやすい言葉で発表させる。

・第二段落の後半部分を斉読させる。作者の心情を表した「字眼」を探して検討させる。

⑤　解題：「始得」の意味について話し合わせる。

⑥　全文を斉読させる。

⑦　本時の学習内容を確認させ、次時の学習事項を伝える。宿題は詩の意味を理解し暗記すること。

授業の展開は、まず作者や作品に関連する内容の復習から始まり、これから学ぶ教材を朗読させ、作品の背景とテーマの理解、段落ごとに文法や内容や思想の理解、最後に作品理解を深める上で、さらに生徒に朗読させたり、暗唱させたりする、という流れであった。高校の古典の授業の様子を代表する一般的な授業だと思われる。わたくし自身も実際に同様の授業を受けてきた。今度、再び古典の授業を体験するに当たり考えたことは二つである。

一つ目は、朗読・暗誦学習が授業に多く取り入れられること。漢詩は韻文なので繰り返し声に出して読むことにより、文体のリズムを体感することができる。また中国では、教師は範読して聞かせることが多い。抑揚をつけたり間を空けたりして読むことで、生徒たちの文章理解を助ける。

二つ目は、作者の心情を表す言葉または作品を理解するためにキーワードを重視すること。すなわち、教師が作品の内容や作者の気持ちなどを言葉にまとめて理解させることである。授業を始めた際、教師は以前習った作品の「字眼」を四つの言葉にまとめて板書した。その言葉が文章における位置・意味を確認させ、生徒たちに自分の理解を発表させた。また、柳宗元の山水作品に描かれた「山、水、境、情」は、それぞれ二文字の語彙でその特徴を表すと、「山—幽静、水—清雅、境—空寂、情—哀惘」となる。抽象的な描写をいくつかの言葉によって凝縮して表現するのが中国の国語教育の特徴である。こうした凝縮されたキャッチフレーズから作品の全貌を推察することができる。

四、日本の漢文教育への活用を目指して

以上の諸点を踏まえて、日本の漢文教育の衰退に歯止めをかけるために以下の三点を提案したい。

第一に、教師自身の漢文に対する意識を高める必要を感じている。漢文は言葉・文法から作品の思想・内容まで現代文と大分異なる（日本の場合はまったく異質なものである）ため、教師の指導が不十分なら、生徒たちが漢文の学習に意欲的に取り組むことが困難である。漢文を学ぶ生徒たちは、教師の姿勢によって大きく影響されている。漢文担当者には漢文学・中国文学を専攻してきた卒業生は少ない。教師自身が専門家ではないことにより、当然生徒たちの漢文嫌いを生産するばかりである。そこで、まず教師が漢文という教科の特質を認識し、身につけなければならない知識の習得に努めるべきである。

第二に、「朝の読書」について、「黙読」させるより「音読・朗読」をさせてはどうかと提案したい。日本では、授業前の一〇分間、児童・生徒と教師の全員が自分の読みたい本を自由に読む読書活動で、静かな「黙読」で一日をスタートさせることは、学習の構えを作る重要な時間になるという。一方、中国では、児童生徒の音読朗読の時

間を保つために、毎朝特別な朗読時間が設けられている。ほとんどの小中高校では、始業前の二〇～三〇分間が定例の朗読時間である。自分の好きな文章を自由に朗読することができる。児童・生徒たちに声高く読み上げさせることで、頭も体も活性化した状態で授業に向かわせたほうが知識の吸収が早いと思われる。気楽な雰囲気で授業知識の復習と課外知識の習得ができるため、学習者の興味・関心を喚起することに大きな役割を果たしている。

第三に、名詩名文を「暗記」させるだけではなく、「暗誦」までさせること。朝の朗読時間に朗読そのものより、声に出して読むことにより文章を暗記する意味合いが強い。頭で覚えるより、体で覚える「身体記憶」のほうが効果的で長く覚えられる。頭の中に優れた文の「音声メモリー」が作られ、日常の会話において場面にふさわしい文が自分の言葉として自然に出るようになると考えられる。今の日本では、若者の会話の語彙の貧弱や表現の拙さがしばしば批判される。優れた詩文を暗誦することによって、表現を豊かにすることが期待できる。

五、今後の課題と展望

二〇〇二年に国立教育政策研究所で実施した高等学校教育課程実施状況調査により、「古文は好きだ」「漢文は好きだ」という問いについての結果は、七割以上の生徒が「どちらかと言えばそう思わない」「そう思わない」と否定的な回答をしており、古典に対して興味・関心を持っていない生徒が大半を占めていることがわかる。

一方、中国では、生徒と教師の古典学習に対する意識を明らかにするために、上海市洪山中学の語文教師によるアンケート調査が実施された。調査対象は重点中学及び一般中学の中学生三〇〇名と中学語文教師一五〇名であった[7]。一部の調査項目と結果は以下のようである。

① 古典について興味を持っているか

三七・七％の生徒は語文教科書において最も興味を持っていないのは古典だという。三二％の教師は生徒たちが最も興味がないのは古典だと思っている。

② 指導の目的と方法について

古典の学習について、四二％の生徒は作品の大意を理解できる程度で良いという。二四％の生徒は音読・朗読を主な学習手段と考えている。三三％の生徒は語彙と言葉の学習に重きを置くべきだという意見であった。

一方、教師の場合は、三六％は語彙・言葉・文法の細かい分析指導を主に行うべきだといい、二二％は音読・朗読に重点を置くべきだと主張した。それ以外は具体的な作品によってそれにふさわしい指導を行うべきだという。

③ 古典学習の意義について

七二％の生徒は今後の学習や生活に役立つという。そのほかの生徒は受験のため古典を習っている。教師の場合は、五四％は生徒たちの語文総合能力を高めるのに非常に大事だと思うのに対して、四六％は若干役に立つと考えている。

上述の調査結果により、中国の中学生は古典学習の意義について肯定的な態度を持っているが、その学習に対して興味を持っていない、積極的に学ぶことができないことが明らかになった。

確かに、中国では古典（特に詩）が日常生活に溶け込んでいる。会話の中に有名な詩文の一節がしばしば出てくる。町で見かける店の看板の文句が見事な絶句であったり、学校や工場に掲げられたスローガンが四文字の韻文であったりすることはめずらしくない。古人の詩句が巧みに現代に応用され、リズムや簡潔性を持つ古詩古文は現在でも実用性のあるものである。

しかし、文言文は書面語として、口頭語とは相当異なるため、現在では文言文で文章を書かせることはほとんどなくなり、学習者に求めるのは「読む」ことに限定されるのが現状である。古人の優れた詩文、伝統的な言語文化を守る意味で古典の学習が続けられている。

漢詩漢文を習うことにより、漢詩漢文を読む能力を養うとともに、ものの見方、感じ方、考え方を広くし、古典に親しむことによって人生を豊かにする態度を育てる。これは、日本でも中国でも共通した漢文教育の目標である。「以古為鏡」（古を以って鏡と為す）という言葉の通り、歴史を知り・歴史で知ることが大事である。生徒たちに自ら歴史をたどる方法、つまり漢詩漢文を読む力を身につけさせることが重要なのである。日本でも中国でも今後漢文教育が盛んに行われることを期待している。

＊本稿は二〇〇七年四月二八日の早稲田大学国語教育学会第二三一回例会「漢文教育の内と外」において「中国における漢文教育―上海市内の高校視察をふまえて」と題して発表した内容に基づいてまとめたものである。なお、本稿における中国語の日本語訳は筆者自身による。

【注】
（1）一九九九年に中国教育部（日本の文部科学省に相当）により「基礎教育課程改革綱要（試行）」が発布され、小学校・中学校・高等学校を対象にした基礎課程改革がスタートした。二〇〇一年七月に「全日制義務教育語文課程標準（実験稿）」（小学校・中学校）、二〇〇三年三月に「普通高中語文課程標準（実験稿）」（高等学校）が発表され、これまでの「語文教学大綱」の代わりに国語教育の目標、内容、方法などを詳しく規定する。数年間の実験期間を経て、二〇〇五年度からすべての小中学校は新課程に入っており、高等学校の方は二〇〇七年度から全面的に新課程を導入した。
（2）注1を参照。
（3）注1を参照。
（4）従来、小学校・中学校・高等学校の教科書は、「語文教学大綱」の基準に基づいて、人民教育出版社（国家教育部の直属機関）が全国共通の国語教科書を一種類だけ作成していた。しかし、各地域の多様な需要や、生徒の多様な学力に対応するため、一九八〇年代後半から、教科書を多様化する改革が進められた。教材検定の機関として、一九八六年に「全国小中学教材検定委員会」が設置された。こうして従来一体化した編集機関と検定機関が二つに分けられることとなっている。現在では、各機関または個人が「語文課程標準」に準じて、執筆・編集した教科書が検定委員会の審査を経て、各学校で使用されている。特に、一九九三年秋から九年制義務教育の全面実施と二〇〇一年七月から基礎課程改革の推進により、現在では、語文教材の改革は各方面から模索と実践が始まり、各種の実験語文教材が各地域で使用されている。ただし、人民教育出版社は引続き教科書の編纂を行っている。

(5) 「考試大綱」は大学入学試験の出題に関わる法定の文書である。教育部及び各省市における入試センターが出題する際に厳格に守らなければならない。

http://www.neea.edu.cn/rxks/ptgk/infor.jsp?infoid=13825&class_id0=03&class_id1=03_06&class_id2=（中国教育考試網、URLは二〇一〇年現在のもの）

(6) 柳宗元は永州に左遷された十年間に、政治上の不満と挫折の憂いを山水に晴らし、自然美を歌う山水紀行を数多く作った。その中の「永州八記」が一番よく知られている。「始得西山宴游記」はその一篇である。

(7) http://www.hshsh.pudong-edu.sh.cn/info/info_detail.jsp?infoId=info0800000963（「中学生の古文学習能力と古典教育の現状及び考察」、URLは二〇一〇年現在のもの）

第二章

韓国における漢字・漢文教育の現状について

丁　允英

一、はじめに

韓国は日本と同様、漢字文化圏として知られているが、韓国における語文政策が、漢文専用、ハングル専用、国漢文混用（漢字ハングル交じり文）とさまざまに変わり、近年はハングル化が進んで、新聞や雑誌などを見ても漢字使用が低下してきている。(1)このような流れの中で、漢字・漢文教育も国語科の中に組み込まれたり国語科からはずされて独立教科になったり、また必須・選択をめぐってもさまざまに変遷し、現在は漢字文化圏の中で韓国だけが、漢字・漢文教育を国語教育から独立させて行っている。

しかし、公教育では漢文教育が委縮される状況と異なり、私（民間）教育では「漢字ブーム」「漢字復古熱風」という言葉ができるほど、漢字教育が全盛期を迎えている。特に漢字教育を正式教育課程で採択していない小学生と未就学児童に集中されている。韓国語文学会が二〇〇五年一二月に実施した漢字能力検定試験の受験者の七六・

九%が幼児と小学生である。[2] 他にも、経済界を中心に東アジアで活動するためには「漢字文化圏についての理解が必須である」として、漢字・漢文に対する関心が高まっていて、ソウル大学で新入生に漢字学習を義務づけているのもその一つの表われである。

本稿は、韓国における漢字・漢文教育の現状を紹介するもので、現状を把握するために韓国での語文政策の変遷と、漢文教育の教育課程変遷を調べ、現在如何なる状況に置かれているのかについて見てみることにする。

二、語文政策の変遷―漢字・漢文教育の歴史的背景[3]

韓国の語文政策を年代順にまとめると以下のようになる。

○紀元前三〇〇年頃：漢字が受容され、韓国は圧倒的な漢字文化の影響下にあった。漢字の音読を利用した郷札（ヒャンチャル）[4]、吏讀（イドゥ）[5]、口訣（クギョル）[6]、懸吐（ヒョント）、諺解[7]、などと呼ばれるさまざまな工夫をこらして漢文を解読したり韓国語を表記したりすることが試みられたが、表記法の主流は一貫して漢文体が普遍的であった。

○一四四三年：ハングルと呼ばれている文字は、朝鮮朝第四代の世宗の代に制定され、一四四六年「訓民正音」という名称で公布。ハングルが創製された後も、一九世紀末までは漢文が主流であった。ハングルは「訓民正音」と呼ばれたように、民衆の啓蒙のための手段として用いられ、また「女書」とも呼ばれたように、女性用文体として機能したに過ぎなかった。

○一八九四年一一月二一日：『官報』を通じて公布された勅令第一号は、すべての法律と勅令を国文・漢文・国韓文混用文などの三つの文体を使用するようにすることにより、五〇〇年間続いた漢文中心の文字生活がハングル中心の文字生活に転換する契機となる。
○一九四五年一二月八日：「漢字廃止案（朝鮮教育審議会）」：「漢字の使用を廃止し、初・中等学校の教科書はすべてハングルで表記し、必要に応じて漢字を括弧の中に表記することはできる。」
○一九四八年一〇月九日：「ハングル専用法（法律第六号）の公布」：「大韓民国の公文書はハングルのみに限定される。但し、必要な場合は漢字の併用ができる」
○一九四九年：漢字併用の許可
○一九五〇年：漢字混用の決定
○一九五一年：漢字指導要領による学校教育実施
○一九五四年：①ハングル専用の強調②常用漢字一三〇〇字制定③国民学校（現初等学校）の高学年で漢字混用
○一九五五年：文教部（現教育科学技術部）によるハングル専用法の発表
○一九五七年：ハングル専用推進案およびハングル専用法の改正案の国務会議への上程
○一九五八年：ハングル専用の実践要項の実施
○一九五九年：文教部（現教育科学技術部）、内務部の協力により街路の漢字の看板の強制撤去
○一九六一年：ハングル専用法案の改正（国家再建最古会議）
○一九六二年：ハングル専用原則の発表
○一九六三年：教科書に漢字の表出を許可
○一九六五年：①ハングル専用に関する改正法案を公布②初・中・高教科書に臨時的に許可した漢字一三〇〇字の表出
○一九六八年：①大統領によるハングル専用の宣言②ハングル専用五ヵ年計画樹立

○一九六九年：全教科書から漢字を排除

○一九七二年八月：民間の識者の間で漢字文化継承の主張も強く、「漢文教育用基礎漢字一八〇〇字」を定め、中学校で九〇〇字、高校で残りの九〇〇字を漢文科目の中で教えることにする。しかし、国語教科書はすべてハングルで書かれ、基礎漢字に該当するものだけ漢字を括弧に入れて表示するにとどまる。「漢文教育用基礎漢字一八〇〇字」は、一九五七年に選定された常用漢字一三〇〇字をもとに当時使用された高等学校の漢文教科書に使われていた漢字とエール大学と日本の常用漢字などから抽出した五〇〇字を合わせたものである(8)。

○一九八八年：ソウルオリンピックを前後に漢字混用を主張する民間団体による漢字・漢文学習の重要性が高まり、中・高における漢字教育の強化と小学校における漢字科目の導入が主張される。

○二〇〇一年：国家公認漢字試験を実施

○二〇〇三年一二月三〇日：経済五団体を中心に、東アジアで活動するためには「漢字文化圏についての理解が必須である」として、新入社員の採用の際、漢字（漢文）能力を計る試験を行うよう勧告し、漢字・漢文に対する関心が高まる。

○二〇〇四年：ソウル大学では「東アジアの公用語である漢字を習おう」という趣旨で新入生に漢字学習を義務付けている。

○二〇〇五年：「国語基本法」が制定され、「公文書はハングルのみを使用しなければならない。ただし、大統領が定める場合には、括弧内に漢字または他の外国文字を使用できる」ことになる。それ以降、法律のハングル翻字が推進され、道路標識の漢字が中国人対象の簡体字に限定され、バス停留所の漢字併記も中止される。

韓国の語文政策は、「五〇年文字戦争」という言葉からもわかるように、ハングル専用が十回、国漢文混用が七回もひっくり返り今日に至っている。これにより漢字・漢文教育も激しい変動をもたらしている。次節では韓国の漢字・漢文教育の変遷を、教育課程の変遷を中心に見ることにする。

三、韓国の漢字・漢文教育の変遷―教育課程の変遷を中心に[9]

現在、韓国で行われている教育課程は、国民共通基本教育課程（初等学校一年生から高等学校一年生までの一〇年間）、高等学校選択中心教育課程（高等学校二年生から三年生までの二年間）と分けられている。[10]国民共通基本教育課程は、教科、裁量活動、特別活動の三つの領域に分かれていて、漢字・漢文教育は裁量活動に含まれる。高等学校選択中心教育課程は、教科（普通教科と専門教科）と特別活動とに編成され、漢字・漢文教育は普通教科に当たる。

㈠　初等学校における漢字・漢文教育の変遷[11]

韓国の初等学校における漢字・漢文教育は一九四五年以降一九六九年までは様々な方法で施行された。一九四五年九月、米軍政庁学務局の「暫定的国語教育の措置」によって編纂した国語教本に対する編纂態度及び教授方針によると、漢字は「初等国語教本」にハングル混用を暫定的に従うが、できるだけ難しい漢字は使わないようにし、「初等国語教本上・中」と「한글첫걸음（訳：はじめてのハングル）」にはハングルのみで表記することにした。

（1）教授要目期（一九四六〜一九五四）

一九四六年九月一日発行された米軍政庁編修局の「教授要目」の中に「教科書執筆上の注意事項」に「文体はハングルで主に用い、漢字語の表示が必要な場合、ハングルの上に書くこと」となっている。

一九五一年二月制定、発表された文教部（現教育科学技術部）の「戦時学習指導要領」は「漢字指導要綱」を別に提示し、日常生活に緊要とされる漢字一〇〇〇字を選定し、国民学校（現初等学校）四年生に三〇〇字、五年生に三〇〇字、六年生に四〇〇字を配当し、教えることにし、初等学校で漢字教育を実施するようにした。

（2） 第一次教育課程期（一九五四〜一九六三）

一九五五年八月一日告示した第一次教育課程では、漢字および漢字語学習に対する明示的な規定はないが、一九五七年十一月、文教部（現教育科学技術部）が「臨時制限漢字」一三〇〇字を制定し、このうちの一〇〇〇字を一九五八年四月、国民学校常用漢字として選定し、第一次教育課程期間に初等学校での漢字教育は施行されていた。

（3） 第二次教育課程期（一九六三〜一九七三）

一九六三年二月十五日告示した第二次教育課程では、国民学校（現初等学校）における『国語』科四年生の「読む」項目に「日常生活で使うハングルと漢字、数字、ローマ字との区別がわかるようにする」という規定を置き、第一次教育課程と同様に、国語科の中で漢字教育を施行するようにした。

一九六九年九月四日改定し一九七〇年一学期から施行された教育課程部分改定から、初等学校で漢字教育が廃止された。ハングル専用計画という政府の施策によるものである。

一九七二年二月二十八日告示し二学期から施行された教育法施行令は、初等学校では漢字、漢文教科を実験学校で運営しその成果を見て拡大実施の可否を決めることにしたが、実際は行われず、現在に至るまで正規教科として漢字・漢文教育は施行されないでいる。

（4） 第六次教育課程期（一九九二〜一九九七）

一九九二年に告示し一九九五年から施行された第六次教育課程は、初等学校で「学校裁量時間（三年生以上、週一時間）」を新設して、この時間に活用できる教育活動として「漢字、コンピューター」などの活動を

【表1】 裁量時間及び裁量活動時間

区分		1年生	2年生	3年生	4年生	5年生	6年生	備考
6次教育課程		−	−	34	34	34	34	裁量時間新設。週1時間漢字教育可能。
6次教育課程の部分改定		−	−	0−34	0−34	0−34	0−34	英語の導入で裁量時間の運営変更。漢字教育ができない場合もある。
7次教育課程(2009)	年間配当時数	60	68	68	68	68	68	創意的な裁量活動を強調。漢字教育を止揚。
	情報通信教育	30	34	34	34	34	34	週1時間義務的に実施。
	保健教育	−	−	−	−	17	17	週1時間義務的に実施。
	漢字指導可能時間	30	34	34	34	17	17	

陳哲鏞（2009：p.28）の表に基づき筆者が作成

例示し、制限的に初等学校で漢字・漢文教育ができるようにした。

（5）第七次教育課程期及び第七次改定教育課程期（一九九七〜現在）

一九九七年告示され二〇〇一年から施行された第七次教育課程では第六次教育課程の例示も削除され、現在に至るまで初等学校での漢字・漢文教育は、国家レベルではなく、一部の地域教育庁や学校長の裁量によって施行されるか私(民間)教育に任されている。また、漢字教育が実施できる時間は、裁量活動時間の二時間中一時間であったが、二〇〇九年度からは五・六年生の裁量活動時間に、年間一七時間以上保険教育を実施することになり、一時間を確保することも難しくなった。【表1】

以上のような現状にもかかわらず、初等学校における漢字・漢文教育に対する関心は高まっている。【表2】は、韓国の全国にある一二二の初等学校にアンケート調査を行った結果で、裁量活動時間に漢字教育を全学年に編成している学校は応答学校の四〇・二%もあることがわかる。

また、教師の九六・六%が、父兄の九二・三%が初等学校にお

【表２】　裁量活動時間の漢字教育編成現況

項　　目	頻度	比率(％)
全学年編成	49	40.2
一部学年編成	28	22.9
どの学年にも編成されていない	41	33.6
応答無し	4	3.3
合　　計	122	100

陳哲鏞（2009：p.32）に基づき筆者が再構成

ける漢字教育の必要性を感じているという調査結果もある。[12]さらに、呉恩美（二〇〇九：四一頁）は、初等学校六年生の国語教科書の全体語彙中、漢字語の比率は三〇・七三％を占めているとし、この結果は学生が国語教科を学習するのに漢字語に対する理解と学習が必要であることを説明している。このような状況を踏まえると、初等学校の漢字教育に関する国家レベルの政策が必要であろう。

(二) 中・高等学校における漢字・漢文教育の変遷[13]

（１）教授要目期（一九四六〜一九五四）

一九四五年以後韓国の公式的な制度教育内の教育課程の制定は米軍政庁によって行われた。一九四六年制定、施行された米文政庁編修局の「教授要目」には、漢字・漢文教育に関する別途の規定はなかった。ただし、中学校の（当時の中学校は、現在の中学校と高等学校を指す）国語教授要目に、「(四) 教授の注意」で「初級（現在の中学校に当たる）と高級（現在の高等学校に当たる）の選択科目は国語の補充教材を教授することにし、漢文も教授できる[14]」と述べ、国語科の補充教材の形式で漢文科目を選択できる余地を置いただけである。

一九五一年二月に文教部（現教育科学技術部）の「戦時学習指導要領」で初めて「漢字指導要綱」が提示された。ここで文教部は日常生活に緊要と認定される漢字一〇〇〇字を選んで、国民学校四年生三〇〇字、五年生三〇〇字、六年生四〇〇字を配当し、この一〇〇〇字を中学校でも適用するようにした。

（2）第一次教育課程期（一九五四〜一九六三）

①中学校（三年制）：一九五五年八月一日告示。中学校国語科教育課程の中で「中学校の漢字及び漢字語学習」事項を入れ、漢字、漢文教育を国語科教育課程の下位内容領域の一つとして記述している。日常生活によく使われる漢字語、格言、古事などを繰り返し学習させる。

②高等学校（三年制）：高等学校必須教科『国語Ⅰ』の教育課程の中で、「漢字及び漢文指導の意義」事項が含まれる一方、選択教科『国語Ⅱ』の一つとして存置した。(15)

（3）第二次教育課程期（一九六三〜一九七三）

①中学校（三年制）：一九六三年二月十五日告示。第一次の教育課程と同様、漢文は中学校国語科教育課程の「漢字及び漢文指導」に含まれ、国語科内容の領域の一つとして記述している。一九六九年九月四日改定され一九七〇年一学期から施行された教育課程部分改定では、「漢字及び漢文指導」の規定が削除され、一般国語（国語読本）教材はハングル専用に改編され、中学校における漢字・漢文教育を廃止した。一九七二年二月二八日告示された教育法施行令によって漢文教科が独立、新設され一九七二年の二学期から漢文が独立教科として教授されはじめた。漢文教師の養成が必要とされ、各大学で漢文学科、漢文教育科が開設され出したのもこの頃である。一方、中・高等学校　各九〇〇字ずつ、「漢文教育用基礎漢字」一八〇〇字を制定して公布したのも一九七二年八月一六日である。

②高等学校（三年制）：『国語Ⅰ』教育課程における漢字教育部分の他にも人文系の場合、『国語Ⅱ』一八単位（文法四、漢文六、古典四、作文四）のうち六単位が漢文で、職業系の場合も、六単位を履修するようになる。一九六九年改定された教育課程部分改定では、『国語Ⅰ』で漢字教育の部分を削除して、人文系高等学校『国語Ⅱ』にある漢文を六単位から八単位に増加させたが、これも国語教育の一部として漢文

が教授される。

（4）第三～五次教育課程期（一九七三～一九九二）※第三次教育課程期に漢文科が独立

①中学校（三年制）：一九七三年八月三一日告示された第三次教育課程から第五次教育課程に至るまで中学校漢文は独立教科となって全学年が週一時間ずつ履修する必須科目として教えられてきた。

②高等学校（三年制）：第三次教育課程から第五次教育課程に至るまで高等学校における漢文は独立教科となって全学年が週一時間ずつ履修する必須科目として教えられる。『漢文Ⅰ』は共通必修、或いは選択必修で、『漢文Ⅱ』は人文系の必修、或は選択となる。

（5）第六次教育課程期（一九九二～一九九七）※第六次教育課程で漢文科が必須から選択に変わる

①中学校（三年制）：一九九二年六月三〇日告示され、一九九五年から施行。中学校漢文が選択科目（漢文、コンピューター、環境、その他に学年別に週一～二時間を配定して選択する）となった。

②高等学校（三年制）：高等学校における漢文（『漢文Ⅰ』[16]（六）、『漢文Ⅱ』（四））が課程別の必須科目に変わった。課程別の必須科目とは、市・道教育庁が選択して、該当教育庁の所属学生たちが履修する選択科目である。

（6）第七次教育課程及び第七次改定教育課程（一九九七～現在）

①中学校（三年制）：一九九七年一二月三〇日告示され二〇〇一年から施行された第七次教育課程では中学校の教科裁量活動に年間授業時間数一〇二時間以上を配定して漢文、コンピューター、環境、その他の中の選択教科として学習できるようにした。二〇〇七年改定教育課程でも中学校の教科裁量活動に年間授業時間数一〇二時間以上を配定して漢文、情報、環境、生活外国語（ドイツ語、フランス語、スペイン語、中国語、日本語、ロシア語、アラブ語）、その他の選択科目を学習できるようにした。第七次教育課程及び

【表3】 2008年度市・道別中学校における裁量活動の「漢文」選択現況

市・道別	学校			学級			学生		
	全体数	漢文選択数	比率(%)	全体数	漢文選択数	比率(%)	全体数	漢文選択数	比率(%)
ソウル	369	347	92.73	10,528	8,834	83.91	365,579	314,754	86.70
釜山	170	162	95.29	4,095	3,553	86.76	139,913	124,742	89.16
合計	3,077	2,834	**92.10**	58,804	40,846	69.46	2,038,611	1,447,412	**71.00**

二〇〇七年改定教育課程によると学校別に各学年で選択できる教科は一科目から三科目にすぎない。

【表3】は、金王奎・김경이（二〇〇九：二八二頁）の表を、一部抜粋して筆者が再構成したものである。元の表には一六の市・道別の現況が紹介されている。紙面の都合上、ソウルと釜山のみを載せた。漢文を選択した学校の比率は九二・一〇％で高いが、約八％の学校が学生に漢文を選択する機会すら与えていないことが分かる。また、七一・〇〇％の学生が漢文を選択しているが、これは約三〇％の学生は漢文を履修しないまま、高等学校に進学していることを表す。

② 高等学校（三年制）：第七次教育課程では、高等学校における漢文が二・三年生の選択科目として、一般選択科目群に「漢文」（六）、深化選択科目群に「漢文古典」（六）で開設され、二〇〇七年改定教育課程でも二・三年生の選択科目として普通教科教養科目群（漢文、教養）に『漢文Ⅰ』（六）、『漢文Ⅱ』（六）で開設されている。しかし、一般系高等学校の教科編成・運営指針によると、漢文が属している科目群では二科目以上を履修するようにして、論理的には、『漢文Ⅰ』（六）、『漢文Ⅱ』（六）がすべて選択できるようにしているが、実質的には『漢文Ⅰ』（六）だけを選択する場合と漢文を全く選択しない場合も可能になり、漢文教育が一律的に行われないことになった。一方、専門教育を主にする高等学校の教科編成・運営指針によると国民共通基本教科に配当された六〇単位は必須的に履修し、これを含めて普通教科を八〇単位以上履修するようにしている。全体普

通教科選択科目に配当された二〇単位以上の範囲内で『漢文Ⅰ』（六）、『漢文Ⅱ』（六）を選択するようにしたことで、漢文教育が全く行われないような状況を助長することになった。さらに一般系と実業系を問わず、普通教科の選択科目はその基準単位を二~四単位まで増減運営できるようにしているので、この指針によると『漢文Ⅰ』（六）、『漢文Ⅱ』（六）はその単位数がさらに減った状態で開設されることもあり得る。参考に二〇〇九年度の人文系高等学校の普通教科選択科目のうち[17]、「漢文」は大部分の人文系高等学校が選択しているが、「漢文古典」は一部の学校で選択していて、また、漢文を全く選択しない学校も存在していることが分かる[18]。

(三) 大学における漢字・漢文教育の現状[19]

現在韓国の四年制の大学は私立・国公立合わせて二二五校を数えるが、そのうち中文科は一〇一校、漢文（教育）科は二十一校を数える。この他中文科、漢文科のない国文科で漢文教育が行われている。中文科、漢文（教育）科のある大学では中文科では主に現代中国語、魯迅以後の現代中国文学、戯曲及び近代白話小説が講義され、教員の割合は現代（八）、古典（二）となっている。漢文（教育）科では中国と韓国の古典、漢文が教えられ、国文科では一部古典の教員が韓国漢文学を講義している現状である。

従来、大学における教養教育としての漢文関連講座は「教養漢文」と言われ、その性格も知識人として身につけるべき基本的な素養の培養と基礎的な文章を読解し鑑賞できる能力の伸張という二つの目標の元で行われてきた。しかし、最近になって大学の教養漢文講座に変化が現れている。韓国・中国の古典を網羅した「漢文」講座は減り、「漢字」講座が増加しており、「教養」、「基礎」といった講座名も「実用」、「生活」へと変わっている。メディアでは、大学生の漢字実力に関して「親の名前も書けない」などといった内容の記事を紹介するが、これは中・高における漢文教科の現実を考慮していない紹介であろう。大学生の低い漢字能力は、漢文教科の位相に打撃を与えた第六次教育課程にも原因があると思われるが、教育課程の変化だけではない。漢文教科が共通教科から選択教科に、そして、裁量活動教科へと変わらなければ、漢字能力が今よりは良かったかもしれないが、公教育の機能が全般的に委縮されている現実では、第五次教育課程が行われた当時の位相が維持されたとしても再教育の必要性はあったであろう。[20]

二〇〇三年に実施した調査によると一九七大学のうち六%である十二大学が漢文を教養必須科目として開設し、六〇%の大学が教養選択科目として開設した。[21] また、二〇〇七年に二十五大学を対象に調査した結果、二十四大学が漢字または漢文科目を独立した教養教科として運営していた。特に「漢字と生活言語」、「実用漢字」、「生活漢字」、「漢字とは何か」、「二十一世紀と教養漢字」などのように「漢字」が教科目に含まれた講座が八大学、九講座であった。「実用」、「生活」という表現を使用することによって過去の「教養漢文」とは性格の違う講座であることが分かる。[22] 他に「漢字学習が専攻学習や就職に役に立つか」という質問に、六四%の学生が役に立つと答え、役に立たないと答えた学生は五・五%に過ぎなかった。[23]

今の大学において、漢文文章の読解と鑑賞を通じて「正しい人性を涵養」、「伝統文化の発展的継承」、「漢字文化圏での理解と疎通」などを追求する漢文教科は、学習者の支持があまり得られない一方、政府機関と公・私企業の入社・昇進試験に漢字資格が反映されることもあって、漢文の領域が縮小して、漢字領域が増えているのは必然的な趨勢であろう。

四、おわりに

以上のように、本稿では韓国における語文政策及び漢字・漢文教育の変遷について既存の研究を概観し、年代順に分けて紹介した。一九四八年以降、漢字・漢文教育に対する教育方針が漢字・漢文学習の許可及び不許可をめぐっての政策の変更を繰り返している間に、韓国国民の「漢字・漢文」に対する認知度や意識が低下してしまった。さらに、一九七〇年の「ハングル専用」政策により、すべての出版物において漢字を消えさせる事態や「漢字喪失」の時代を招いた。ハングル化が進み、新聞や雑誌などを見ても漢字が目につかないが、ハングルで書かれている語の多くが実は漢字語であり、辞書の見出し語の約七〇％（名詞の場合は約八〇％）を占めている。[24]語彙の約七〇％が漢字語であるにもかかわらず、漢字・漢文が益々弱体化していくことの解決の一環として一九九五年に初等学校から漢字教育の機会が与えられているが、その微々たる学習時間では学習成果を挙げることは困難であり、更なる学習時間の配慮と工夫が必要である。この他にも適切な教材の不備、各段階で習った漢字・漢文の次の段階へどう連携性を持たせるかも解決すべき課題であろう。

【注】

（1）李漢燮（二〇〇五）は、韓国の日刊新聞六種の漢字使用について調査結果を載せている。例えば、「韓国の代表的な新聞である東亜日報の場合、一九九三年の調査では、記事の中には、〇・八三％、見出しには三一％の漢字が使われていたが、今回の調査では〇・三七％と四・八六％になっており、漢字使用が大きく減少している。（一〇頁）」と述べている。

（2）朝鮮日報、二〇〇六年四月三日。

(3) 鄭載喆(二〇〇九)、文嬉眞(二〇〇七)、梅田博之(一九九八)を参照してまとめた。

(4) 郷札とは、漢字の音と訓を利用して韓国語を表記したもので、日本の万葉仮名のような性質のものである。漢文解釈のための補助文字である口訣とは異なり、郷札はそれだけで韓国語の文を完全に表記することができる。漢字の音と訓を利用して国語を表したもので、新羅(三五六年-九三五年)時代に発達した表記法である。

(5) 吏讀は、広義には口訣・郷札などを含め、漢字を借りた韓国語の表記法全般を指す。

(6) 口訣とは、漢文を読む際に使われる表記体系である。送り仮名と同様に漢字の横に小書きにする。韓国語での固有語を漢字で表す(日本での万葉仮名に相当する)郷札と共に発展した方法と考えられる。

(7) 「諺文(ハングル)による解釈」の意。訓民正音の創製後、このような諺解本が多く作られた。

(8) このように常用漢字を制定したことは、当時の漢字文化圏で共通的に見られる傾向であった。中国は毛沢東の執権後、漢字改革が推進の政策が行われ一九五二年六月常用漢字二〇〇〇字を公布した。最近の中国の文字改革委員会の漢字處の資料によると常用漢字三五〇〇字(常用漢字二五〇〇字、次常用漢字一〇〇〇字)。日本は一九四六年常用漢字一八五〇字、一九五一年人名用漢字として新たに九二字であったのが一九八一年から一九四五字の常用漢字と、次第に数を増やした人名用漢字が二〇〇四年九月二七日には四八八字の大幅な追加がなされた。

(9) 本稿で引用している韓国語文献の日本語訳は、本稿作成者によるものである。

(10) 教育人的資源部告示第二〇〇七—七九号による。

(11) 金王奎(二〇〇四)、陳哲鏞(二〇〇九)、金長淑(二〇一〇)などを参照してまとめた。

(12) 陳哲鏞(二〇〇九:三七頁)では、教師一一六名、ソウルにある初等学校の父兄三五〇名を対象に初等学校における漢字教育の必要性についての調査結果が述べられている。

(13) 青木五郎(二〇〇六)、教育部(二〇〇〇)、金王奎(二〇〇四)などを参照した。

(14) 教育部(二〇〇〇)、一五八頁。

(15) 選択教科『国語Ⅱ』は、漢文の他に、現代文、古典文、法文学、語学史、文学史となっている。(教育部一九九九:一三頁(金王奎二〇〇四:一三一頁から再引用))

(16) 括弧内の数字は単位を表す。

(17) 普通教科選択教科科目は、漢文、漢文古典、哲学、論理学、心理学、教育学、生活経済、宗教、生態と環境、進路と職業などがある。

（18）韓国教育開発院の教育統計サービス（http://cesi.kedi.re.kr/index.jsp）で提供する教育統計年報によると、「漢文」は一五三四校のうち一二三九校が、「漢文古典」は一五三四校のうち二六一校が開設している。

（19）김우정（二〇〇八）と芹川哲世（二〇〇九）を基に筆者がまとめたものである。

（20）第五次教育課程期の大学入学学力考査（一九八四〜一九九二）が行われた時期には、漢文問題が国語教科の中に含まれて出題され、漢字・漢字語・漢文を活用した国漢文の統合問題が含まれていて、当時漢文教育を重視したことが分かる。（남궁원二〇〇五・五〇頁）

（21）문무영（二〇〇三）によるものであるが、本稿では김우정（二〇〇八：一八頁）から再引用した。

（22）김우정（二〇〇八）が、二〇〇七年一一月二日から一〇日まで、二五の大学を対象に調査した結果である。

（23）김우정（二〇〇八）が二〇〇七年一一月二日から一二日までの間に檀國大學校の学生二〇〇人を対象に行った調査結果である。

（24）詳細は、青木五郎（二〇〇六・一三頁）、梅田博之（一九九八・二五頁）を参照していただきたい。

【参考文献】（韓国文献は、漢字語の場合、筆者が漢字表記に変えて記した）

青木五郎（二〇〇六）「韓国における漢字・漢文教育」『新しい漢字漢文教育』四二、全国漢文教育学会

李漢燮（二〇〇五）「最近の韓国における漢字事情」『日本語学』二四（八）（通号二九五）、明治書院

梅田博之（一九九八）「韓民族・韓国における漢字の伝統と現在」『国際交流』二〇（二）、国際交流基金

金王奎（二〇〇四）「漢文教育課程　改定・変遷의　様相과　漢文科의　位相－編制와　時間（単位）配当　基準을　中心으로」『漢文教育研究』第二二号、韓国漢文教育学会

金王奎（二〇〇七）「二〇〇七年　改定漢文科　教育課程의　特徴과　그　位相」『청람語文教育』三六、청람語文教育学会

金王奎・김경익（二〇〇九）「中学校　裁量活動　選択科目　〝漢文〟履修　実態와　高等学校　学生들의　学力差　検査」『漢文教育研究』第三二輯、韓国漢文教育学会

김우정（二〇〇八）「大学　教養　漢字　教育의　現況과　課題」『漢字漢文教育』第二〇輯、韓国漢字漢文教育学会

金長淑（二〇一〇）「初等学校　漢字教育에　대한　要求　調査」『漢字漢文教育』二四、韓国漢字漢文教育学会

吳恩美（二〇〇九）「初等学校　国語　教科書의　漢字語　分析을　通한　漢字教育－六学年　国語　教科書를　中心으로」淑明女子大学校教育大学院修士論文
教育部（一九九九）『初・中・高等学校　国家　水準의　教育課程　基準－総論（一九五四～一九九七）』
教育部（二〇〇〇）『初・中・高等学校　国語科・漢文科　教育課程　基準（一九四六～一九九七）』
鄭載喆（二〇〇九）「韓国의　文字政策과　漢文教育―漢文과　한글의　交渉　様相에　注目하여―」『漢文教育研究』第三三号、韓国漢文教育学会
陳哲鏞（二〇〇九）「初等学校　漢字　教育의　現況과　展望」『漢字漢文教育』第二三輯、韓国漢字漢文教育学会
남궁원（二〇〇五）「高等学校　漢文科　教育의　反省과　展望」『大東漢文学』二二輯、大東漢文学会
文嬉眞（二〇〇七）「韓国における文字政策―漢字教育の変遷について―」『愛知學院大学語研紀要』三二（一）愛知学院大学
尹在敏（二〇〇九）「韓國　初・中・高等学校의　漢字・漢文　教育　現況」『漢文教育研究』第三三号、韓国漢文教育学会

第三章

イタリアにおける漢字・漢語の教育と学習

ガラ・マリア・フォッラコ

一、はじめに

執筆者がナポリ東洋大学に入学したのは二〇〇〇年である。二〇〇一年にイタリアの大学が制度改革を行ったので、自分が受けた教育と新制度の学生が受けている教育とはいくつかの違いがみられるかもしれないが、基本的な学習の流れはさほど変らないといえるだろう。また、インターネットが非常に広く普及した時代になり、他国の言葉へのアプローチが昔と違うようになったとしても、非漢字圏の学生が直面しなければならない困難は本質的に変ったわけでもなかろう。アルファベットを用いる言語を母国語として育った人がはじめて漢字に近づく際に覚える違和感は、なかなか避けて通れないものである。本稿の第二節で個人的な経験について述懐してから、第三節では現在の日本語科目の到達目標について述べるつもりである。

また、長い間日本に留学した自分はほかのイタリア人の学生とはまったく違う状況にいることが当たり前だが、今回は学部の四年間、つまり来日する前の時期に焦点をしぼって論じることにする。

最後に、本稿の第三節で紹介する情報は、イタリア出身で大阪大学大学院の博士課程生であるフランチェスカ・パラマの修士論文[1]に基づいている。イタリアでの漢字教育というテーマにおける先行研究といえるような文献がほとんど存在しておらず、そういう意味でパラマはその研究の先駆けだといえよう。

二、漢字圏とアルファベット圏

外国人の立場からみると、日本語において難解な項目が少なくないが、とりわけ日本語の文字自体である漢字は、問題になることが多かろう。

特に欧米人、つまり非漢字圏日本語学習者は、漢字を勉強するにあたってさまざまな困難に直面することになる。「ことば」と「文化」との繋がりに関しては今さら言及する必要がなかろうが、一字一字が直ちに意味を表す漢字の場合には、その繋がりがより深く、より明らかであるかもしれない。それと異なって、アルファベットは文字が音素を表す体系であり、その文字を合わせてからでないと意味を伝えることができない。ラテン文字を用いるイタリア語ももちろん、そういったような言語である。

イタリア語を母国語としている自分は、アルファベットの「m」と「a」と「r」と「e」の組み合わせは、

マーレ

mare

という発音をもち、
つまり「海」という意味を表していることを意識しているが、はじめて日本語の

海

という字をみたときに、それがまさか日本列島を囲むものを指しているとは思わなかった。というのは、自分にとって「海」の字自体が未知であったからのみならず、その背景にある文化と社会や、その字が作りあげている意味の世界と無関係な存在であったからだといえるだろう。

イタリア人の日本語学習者は、まず平仮名と片仮名を覚え、教科書に出る単語の意味に集中するのである。日本語を学習しはじめてから数週間が経ち、「中」や「日」や「水」など、画数の少なく、形が覚えやすく、簡単に書けるような字を学ぶようになる。漢字の練習の基本的なしかたは同じ字を何回も書き繰り返すというものであり、なお各線の方向と書き順を丁寧に身につけ、その字を紹介した教科書での読み方と意味を暗記するのである。たとえば、「中」という字の場合には最初に「何々の中に」という表現としてテキストに出るので、「一定の区画・範囲の内」という意味と、

なか

つまり訓読みを覚えるのだ。そのときに学生は、

チュウ

という音読みはまだ分からないし、たとえ「ちゅうごく」という国名を既に習ったとしても、「中国」の「チュウ」はまさに「なか」であることはまだ意識していない。それはなぜかというと、「中国」の「コク」は日本語学習歴の一ヶ月未満のイタリア人にとって画数の多い文字だからである。「国」という字を習った後に、「中国」という熟語も習うようになる。しかし、最初に覚えるのは必ずしも訓読みであるとは限らない。たとえば「学」という字はまず「大学」と「学生」という熟語に出るから、初級者はそれを、

ガク

としてしか習わず、
まなぶ
という訓読みを覚えるのは中級者になってからのことである。「問題」と動詞の「問う」もそうだ。また、「海」という字に関して述べると、それは「うみ」を表していると教えられても、漢字圏の学生と比べたら認識へのプロセスは大きく違うのである。つまり、中国人や韓国人などが「海」という文字を見たらすぐ海を連想するかもしれないが、欧米人はまずその音に注意をあてて、音から意味を知るのである。文字の左偏にある「氵」（さんずい）は「水」をさす部首であるのを理解しても、さんずいの漢字は水と関わるものであること以外に、その意味について推測するのがとても難しい。

ちなみに、この流れは十年も前に執筆者が経験したものだが、今でも図書館などで同じような行為を繰り返している一年生を見かけることが多い。

アルファベット圏の国に育った日本語学習者にとってもっともピンと来ないのは、漢字圏の国の人にとって当たり前である文字から広がる意味の世界と文字そのものとのかかわりだといえよう。

十年に亘る自分の学習経験をふまえ、母国であるイタリアにおける漢字教育の実態を紹介することと、イタリア人による漢字及び漢語学習について考察してみよう。

三、一 イタリア人日本語学習者が漢字を学ぶ

前述のとおり、日本語を専攻とするイタリア人の大学生がまず平仮名と片仮名を学び、漢字のない文章を教科書で読みはじめる。

教科書はさまざまだが、ほとんどの場合、その文章の内容がまず自己紹介や挨拶のしかたを含むものであり、口頭で簡単に練習できるようなものである。

四、五週間ではじめて漢字を習うようになり、その字は「中」、「上」、「下」、「山」と「川」などである。母国語者の教授に書き順を教えてもらい、宿題で何百回も同じ字を書き繰り返すことが多い。時々字形に関して話してもらうこともあるが、それは特に「山」、「川」、「女」、「母」、「木」など、対応するものを連想させやすい字の場合である。この時期では漢字辞書をまだ使わず、授業で習った読み方と意味以外に漢字に関する情報はない。

一年目の半ばごろ、はじめて自分で漢字の読み方と意味を調べるようになるが、執筆者の場合にはそのために使われたのが漢字辞書ではなく、欧米でよく使用されているハダミツキーとスパンという学者が作った『Kanji & kana』という漢字教科書であった。

一年目の終りごろ、ハワイ大学出版社の『The new Nelson's Japanese-English Character Dictionary』(新版ネルソンの日英漢字字典)を使いはじめ、部首の区別や画の数え方に少しずつ慣れていくのであった。『Kanji & kana』も『Nelson』も英語の書籍であるために、漢字をイタリア語へ訳すにあたって英語能力が不足している人はまず日英漢字字典を引き、その読み方が分かったうえで日伊辞書を調べる。二年目を終える学生はおよそ四百字の読み方・書き方・意味を学んだはずだが、訓読みと音読みのいずれであるか、まだ分からないことがある。また、既知の漢字でも、熟語で使われているとその漢語の全体的な意味は分からないことも珍しくない。

三年生と四年生は古語や文学を勉強するし、卒業論文の資料を集めはじめるから、教科書でない日本語のテキストに接する機会が増えるわけである。そこで、文章の要旨を把握するために学生がスキミング(飛ばし読み)をしはじめ、文字の発音(すなわちその音)より字形(すなわちその形)のほうに中心を置いて考えていくといえる。

つまり、一、二年生のときに平仮名で学んだ単語をその発音を通じて認識するという流れより、漢字の形をみてその意味範囲を推測するプロセスのほうが主になるということであろう。

この時期から教室での学習活動より自分だけの勉強の時間が大事になると思われる。日本語の文章を読めば読むほど、新しい漢字や漢字熟語を習う可能性も圧倒的に多くなるし、自分にもっともふさわしい練習のしかたを考えるようになる。

それに関して、個人的な話をする。自分は三年生のときに小説や随筆などを日本語で読みはじめたのである。最初に二、三行を読むには数時間もかかってしまった。それは分からない単語を一々辞書で探していたからである。しかし、それが自分にふさわしくない読み方であることはすぐ分かった。新しい漢字を見てすぐに辞書を引くと、読んでいくそばから忘れてしまうことが多いことに気がついた。そこで、読み方を第一にするのをやめて、そのかわりに文脈やその漢字に似たような既知の漢字を手がかりにして、単語の意味を推測したほうが自分にとって有効であることが分かった。そうすると一気に何ページも読めるようになり、読んだ後に新しい漢語をメモして漢字字典で意味と読み方を調べ、必要なときに書く練習もしたのである。そういった勉強をするようになって気付いたのは、読解が少しずつ上達していたし、熟語の推測能力も上がったということである。

語彙を増やすつもりを兼ねて、四年生になってから小学館の漢字字典を使いはじめたのである。『Nelson』によって漢字の基本的な探し方を身につけていたので、日本語だけの漢字字典の調べ方は思っていたより簡単であった。しかもなおかつ、音読みの熟語と訓読みの熟語のいずれも載っており、人名での読み方や用例や難読があり、とても便利だった。

四、イタリア人日本語学習者と漢字——パラマの研究——

大阪大学の大学院生であるフランチェスカ・パラマは、中級レベルのイタリア人の日本語学習者による漢字と漢字熟語の学習に関して数年にわたって調査を行い、自分の修士論文にその結果を発表したのである。

序論には非漢字圏日本語学習者にとって漢字熟語が困難点であるとし、それは特にテキスト読解に関して大きな問題になるというのである。たとえば、ある漢字をよく知っているにもかかわらず、その漢字が熟語の構成単位として使われると、辞書を引かなければ熟語全体の意味を理解できないということが多いようである。

パラマの研究の最終的な二つの目的は、次のごとくである。まず第一には、非漢字圏の日本語学習者が漢字についてどのような情報を貯蔵し、どのように漢字熟語の情報処理を行っているかを明らかにすることである。そして第二には、彼等が行う未知の漢字熟語処理と読解との関係を明らかにすることとである。

一つ目の目的に関する問題設定について述べると、主に非漢字圏の日本語学習者が既知の漢字で構成された未知の熟語の理解に失敗する理由を探り、それはあえて三つであると断言している。すなわち、①学習者が感覚的に既知であると判断する構成漢字についての蓄積情報に、実は何等かの不足や間違いがあるということ。また、②漢字について蓄積された情報に、母国語の単語情報が結びついていること。最後に、③漢字の情報から漢字熟語の意味推測能力を向上させる教育が不十分であること。

また、二つ目の目的については、以下のように問題が設定されている。まず、概要把握のスキミングのときに、漢字熟語の意味推測が文章の理解にどのような影響を及ぼしているかということを考える。そしてまた、学習者の到達度と漢字情報に基づいた熟語の意味推測能力は関係があるかどうかという問題を検討する。そういったような問題を考察するために、パラマは非漢字圏学習者に語彙リストやテキストなどを提示し、調査を行ったのである。

日本語学習者と日本語のレベルに関しては、次のように述べてある。

現在、世界各国で行われる日本語教育における漢字教育は、ほとんどの場合、日本国際教育支援協会と国際交流基金が行う日本語能力試験の設定する到達基準に基づいて実施されている。一般に上級と判断される日本語能力試験一級レベルでは、常用漢字数（一九四五字）とほぼ同じ約二千字程度を習得したレベルと考えられている。

イタリアの大学を例にとった場合、日本語を専攻する学習者の場合、現在学制の見直しがヨーロッパで広く進んでいるところではあるが、一般に日本語の教育課程は五年であり、五年間で日本語能力試験一級〜二級レベルに到達し、漢字約二千字と語彙約六千五百字を習得することがコースの目的になっている。

たとえば、ナポリ東洋大学の二〇〇七年〜二〇〇八年の日本語科目のシラバスに記されている到達目標は、次のようである。

日本語Ⅰ　レベル＝能力試験四級。語彙数＝一〇〇〇語。漢字数＝二〇〇字
日本語Ⅱ　レベル＝能力試験四〜三級。語彙数＝二〇〇〇語。漢字数＝四〇〇字
日本語Ⅲ　レベル＝能力試験三〜二級。語彙数＝四〇〇〇語。漢字数＝一〇〇〇字
日本語Ⅳ　レベル＝能力試験二級。語彙数＝五〇〇〇語。漢字数＝一五〇〇字
日本語Ⅴ　レベル＝能力試験二〜一級。語彙数＝六〇〇〇〜六五〇〇語。漢字数＝二〇〇〇字

見て分かるように、ここに記された目標となる語彙数は「六〇〇〇〜六五〇〇語」である。その漢字数の二〇〇〇字は日本語能力試験一級のレベルであるが、その語彙数の数字は二級のレベルに過ぎない。その一級レベルの語

彙数は一〇〇〇〇語である。その到達目標の数字をとらえて、パラマは、「一級レベルの数の単漢字の数を学びながら、一〇〇〇〇語のレベルに至っていない学習者の目には、新聞などの日本語のテキストやレアリア教材は、『既知漢字で表記・構成された未知語彙』にあふれたものと映り、このような未知語を読み解くことが、大きな問題となっていることがわかる」と指摘している。

パラマが行った調査の一つは、イタリア人に文脈のない語彙のリストを提示し、その意味を推測することを目的としている。その調査により、特に三つの誤りのパターンが浮かんできた。それは、(a)「構造に対する誤解」、(b)「単漢字に間違っている意味をつけること」、(c)「熟語に単一の構成漢字の意味をつけること」による誤りである。

パラマの見解によると、(a)「構造に対する誤解」が未知熟語の意味推測に及ぼす影響は、さほど大きくないようである。事例としては「不動産屋」と「歯車」があげられている。それはイタリア語の語構造が日本語の語彙の構造と同じであるにもかかわらず、イタリア語の構造が手がかりとして利用されない場合が多かった(「不動産屋」の場合九人の中七人、「歯車」の場合十五人の中十四人)と指摘している。

(a)の誤りの割合に比して、(b)の「単漢字に間違っている意味をつけること」が誤りの大半を占める重要な要素となっていることが、パラマの調査によって明らかになった。(b)の誤りが起る場合は、主に二つである。一つは構成漢字が多義漢字である場合であり、もう一つは構成漢字の意味範囲がそれに対応する母語単語の意味範囲と異なる場合である。

まず多義的な漢字の熟語に対する誤りの例として、パラマは「辛勝」という単語をあげている。「辛」という字には「からい」と「つらい」という意味があるが、それらの二つの意味がイタリア語へそれぞれ違う単語で訳される。初級者はまず「からい」という意味を覚え、「からい」の意味をもったイタリア語は「つらい」の意味を含まないので、おそらく「辛勝」という熟語には誤った意味をつけることが多いとされる。

また、二つ目の場合、構成漢字の意味がそれに対応する母語の単語と意味の範囲において異なるというのは、たとえば「月例」という漢語について考えるとわかる。「例」とそれに普通に対応する「esempio」の場合、「例」という漢字は「たとえ」という主な意味に加えて、それに連続性がある概念も含んでおり、「相並ぶ同類のこと」、「同類として並べてみる」、「同類のならわしに従う」と定義できる。しかし、それに対応しているラテン語の「eximere」（＝抜き出す）という語から作られた語彙は、「相並ぶ同類のことから一つを抜き出す」という意味であって、「慣習」とか「規則」の意味を含んでいない。したがって、パラマが調査に使った「月例」という熟語の意味を理解できる学習者は少ないことが予測される。

(c)の「熟語に単一の構成漢字の意味をつけること」に関しては、パラマは次のように述べている。(c)の誤りは、学習者が熟語の語意推測のときに、熟語を構成する二つの漢字の内の片方の漢字の情報にのみ頼って推測していることを原因としている。もう一方の漢字情報を無視する原因として、その漢字についての知識が不足しているか、両漢字の意味情報は正しく理解していても両者の統語的関係を誤解しているか、といったことが考えられる。

まとめていうと、パラマの研究で明らかになったことは、次のとおりである。中級レベルの非漢字圏学習者が既知漢字で構成された未知漢字熟語の理解に失敗するのは、表意文字である漢字の特性を十分に理解していないことに原因があり、結果として漢字情報の貯蔵や情報の引き出し方といった学習方法に問題があるからである。

五、おわりに

非漢字圏日本語学習者にとっての漢字及び漢字熟語の認識は、漢字圏学習者のそれと大きく違うことは当然であろうが、本稿では、イタリア人が漢字を学習するときにどのような困難点にあうか、またどのような要素を優先するかということを具体的に説明してみたのである。漢字の多義性や、漢字の背景にある文化との距離が、その困難点の例としてあげられる。

日本語だけでなく日本の歴史、美術、文学、思想なども勉強することで、日本の文化に少しずつ入り込み、それがまさに漢字の適切な認識の必要条件だと思われる。

だから、パラマの研究によって明瞭にされた意味推測を促進させるような教育の具体的な必要性のほかに、日本という国を幅広く紹介するような教育も支援するべきであろう。

先程述べたように、ヨーロッパで日本語教育が広く見直されているところだ。従来の教育にはいくつかの問題があるかもしれないが、その問題を認識し、積極的に対策をたてるように欧州中の日本語学者が手を組んでいるようで、今後の研究に期待できると思われる。

【注】

（1） フランチェスカ・パラマ「漢字熟語の意味推測と読解能力─非漢字圏日本語学習者の場合─」（修士論文）大阪大学二〇〇八年。

おわりに

第二次世界大戦の敗戦から六十五年目の年回りとなる二〇一〇（平成二十二）年は、沖縄慰霊の日、広島・長崎の原爆忌を迎えては、戦争の生き証人たる人々の高齢化と相俟って戦争の悲劇を風化させることなく語り継ぎ平和の尊厳を訴えることの意味を問いかえされた。その六月七日に文化審議会が答申した「改定常用漢字表」は、一九八一（昭和五十六）年に告示された「常用漢字表」から二十九年を経ての改定にほかならない。戦前・戦後の漢字政策の歴史的展開においても、また新『学習指導要領』の全面実施を控えた教学問題との関わりにおいても、その歴史的経緯を反芻し、その改定の意味をあらためて問いかける必要があるように思われてならない。この国語政策上の転換点に際会する過程にあった二〇〇八～九年度の二カ年にわたり「漢字・漢語・漢文に関する教育方法の検討」（早稲田大学教育総合研究所公募研究）の研究部会を推進し、今日の漢字・漢語・漢文に関する教育現場の状況と教学の実践知を検証しておく機会を得たことは、過去はもとより現代に立脚して将来を広角的に展望する上で大きな意義と蓄積とを有したと考える。

第一部第一章の「漢字・漢語・漢文と日常生活」は、日本の風土、漢字の成り立ちと学習、漢字のもつ遊戯性、漢語の成り立ちと意味理解、句読点のいたずら、漢字をめぐる戦前・戦後、昨今の「改定常用漢字表」の答申と新『学習指導要領』との関わりなど、歴史的考察から今日的な話題までを包括するレポートとして、そこに今日的な課題や問題点等をも析出する。

第二部の諸論考は、上記の包括的なレポートをも視野に入れ、各自がそれぞれの日々の実践の中からテーマを設定して、報告・考察を担当したものである。小学校・中学校・高等学校・大学における教育実践を踏まえた考察・提言や、漢字・漢語を使いこなす能力やスキルの育成に活かし得ることを念頭においた提案は、教育の現場と教員養成の場に有用な材料を提供するものと考える。

第三部に展開する中国・韓国・欧州（イタリア）における漢字・漢語・漢文をめぐる教学の諸事情は、単なる紹介にとどまらず、異邦の国々それぞれにおける現実的な教学の問題をも含んで、実践的な教育方法の考案、共通教材とその指導法の差異的検証など、その対比的な視点から新たなアイデアが生まれる可能性をも有している。

研究部会活動においては、こうした報告発表のもう一方で、ある漢字一字を四〇〇字でレポートする「漢字一字雑抄」という取り組みをも行った。それは自分自身の漢字・漢語・漢文に関する意識を高め且つ深め、自らの薬籠を創り満たす試みにほかならない。字数は少なくしぼるに如かず。まさに四〇〇字という字数制約のもとで、自らの個性にしたがった内容を取捨選択して構築するところがミソである。試みに、新『学習指導要領』に盛りこまれる「伝統と文化」との関わりにおいて、いわゆる文房四宝―筆・墨・硯・紙―を取り上げ、各字四百字で順次に書き連ねてみよう。

◉筆

「筆」は、ヒツ（漢音）、ヒチ（呉音）、ふで（訓）。文字や絵をかく道具であり、秦の始皇帝に仕えた蒙恬《もうてん》が発明したといわれ、唐の李瀚《りかん》の『蒙求《もうぎゅう》』には「蒙恬製筆（筆を製る）」と記される。その原字となる「聿《イツ》」は、手でふでを持つさまをあらわす会意文字。これに「竹」冠を増し加えたのが「筆」の字で、竹の柄をつけたふで、竹製のふでの意となる。「筆札《ひっさつ》」は、ふでと木のふだ、転じて、筆と紙をもいう。「札」は、昔、文字を書くのに用いた「竹簡《ちくかん》」「木簡《もくかん》」の薄く小さいものをいった。「筆削《ひっさく》」の語は、書くべきところは書き、削るべきところは削る意。『史記』「孔子世家」の「『春秋』を為《つく》るに至りては、筆《ひっ》すべきは則ち筆し、削るべきは則ち削る。」に出典する。

「削」は、木簡の類に書いた文字を小刀で削り去ることをいう。往時、文字の修正は簡札を削っておこなった。秦の始皇帝の兵馬俑《よう》坑から出土した文官俑に、腰に小刀を帯びた姿を見出すことができる。

⊙墨

筆で書くには「墨」が必要となる。「墨」は、ボク（漢音）、モク（呉音）、すみ（訓）。「黒」は、火を燃やして煙突に煤《すす》がつまったさまを示す会意文字。音符でもあるこの「黒」と「土」とから成る「墨」は、油煙や松根を燃やして出るすすと土とを練り固めてつくったすみ、土状のすすのかたまりの意をあらわす。これを磨った黒い液汁を「墨水」という。「墨書」は、すみで書くこと。宋の葉夢得の『避暑録話』には、「墨を磨ること病児の如し。」とある。すみの液汁が粗《あら》くならないよう、力を抜いて磨るのであろう。その力と勢いの微妙な加減を「病児」にたとえるとは恐れ入る。そもそも「墨《ぼく》」は、古代中国の五刑の一つで、額《ひたい》に入れ墨をすることをいった。この刑を「墨刑」「黥《げい》刑」と称した。谷崎潤一郎の小説名でも知られた「刺青《しせい》」もまた入れ墨、彫り物の意で、「青」は墨を指す。

⊙硯

この墨を磨るのに用いる「硯」は、現代の日常生活にあっては最も疎遠な存在であろうか。「硯」は、「石」と音符「見」とから成り、音はケン（漢音・呉音）。すずりは「墨磨り」の転で、墨を水ですり下ろすために用いる道具をいう。陶磁器製のものや泥を精選して焼き上げたものもあるが、古くから石の硯が作られ、石質や石紋、眼などが賞玩されたことも知られる。「墨池《ぼくち》・硯池《けんち》・硯海《けんかい》」は、すずりの、水をためるくぼんだ場所をいう。「硯滴《けんてき》」は、水差しの意。「硯田《けんでん》」は、詩人や文人の用いる硯を農夫の田地にたとえて、文筆で生活をすることをいう。「紙田《しでん》」もまた、紙を田地にみたてた語で、字を書いて生計をたてることを「紙田を耕す」というが、文筆を生業とすることは今日的にはなかなか厳しい現実があるようだ。

◉紙

「紙」は、シ（漢音・呉音）、かみ（訓）。テクノロジーの進捗によってペーパーレス社会が声高に叫ばれながらも、紙の使用量は一向に減る気配はなく、かえって自在にプリンターで打ち出せるから消費の削減にはたどりつけない。「紙」の偏《つくり》にある「氏」は、さじをかたどる象形文字で、平らかに延ばす意をもつ。「紙」は、繊維をすいて薄く平らにのばしたかみをあらわす。後漢の和帝のとき、蔡倫《さいりん》が樹皮・麻、ぼろ布や魚網を用いてつくり、これを「蔡侯紙」とよんだと伝え、『蒙求』には、「蔡倫造紙（紙を造る）」の四字でその事績を記している。「紙筆」は、かみとふでの意で、文章を書くこと、学問や勉強をすることをもいう。晋の陶淵明は「子を責む」と題する詩の中で、「五男児《ごだんじ》有りと雖も、総《すべ》て紙筆を好まず」と詠じている。往昔も現今も変わることなき親の心であろうか。

この試みは、レポートする本人が万事に最も勉強になるにちがいない。

学校という学びの庭に着眼して最後の落ちをつければ、好環境の学びの庭で、学生諸友が歴代「墨客《ぼっかく》」の書を読みては「紙魚《しみ》」に親しみ、同学と「硯席《けんせき》」を同じうしては談論風発、切磋琢磨して日々実りの多からんことを祈りながら「筆を擱《お》く」。

漢字・漢語・漢文に潜在する「ことばの力」の源泉に遊び、かつ教育の現場と教員養成の場に還元し得る材料の含有されることを念願するばかりである。大方のご教示、ご叱正をお願いするとともに、研究部会活動ならびに本書刊行にご支援いただいた早稲田大学教育総合研究所に心から感謝申し上げる。

二〇一一年二月

比力と仙女が来日したその月に

堀　誠

〔研究部会活動記録〕

「漢字・漢語・漢文に関する教育方法の検討」（部会主任・堀　誠）

早稲田大学教育総合研究所公募研究（二〇〇八年度〜二〇〇九年度）

＊二〇〇八年度

部会準備会（二〇〇八年五月二十七日（火）十三時〜十四時三十分）

① 活動方針・役割分担等の説明

第一回部会研修会（二〇〇八年六月二十五日（水）十七時〜十九時）

①「漢字・漢語・漢文に関する教育方法の検討―趣旨と問題提起―」堀　誠（部会主任）

②「漢字・漢語と生活（1）」堀　誠（部会主任）

第二回部会研修会（二〇〇八年七月十九日（土）十五時〜十九時）

①「静岡県立富岳館高校での実践報告」林教子・大村文美（静岡県立富岳館高校）

②「漢字・漢語と生活（2）」堀　誠（部会主任）

第三回部会研修会（二〇〇八年九月二十日（土）十五時〜十九時）

①「オノマトペから形声漢字の成立過程を探らせる授業創り―中訳『ドラえもん』と『詩経』の擬音語比較を通して―」李軍（研究協力員）

②「漢字・漢語と生活（3）」堀　誠（部会主任）

第四回部会研修会（二〇〇八年十月十八日（土）十五時〜十九時）

①「上海で見聞した文物とことば」上原菜摘子（早大大学院教育学研究科修士課程）

②「漢字・漢語と生活（4）」堀　誠（部会主任）

③「各人一字雑抄」持ち寄り発表（一漢字四〇〇字）

第五回部会研修会（二〇〇八年十二月十三日（土）十五時〜十九時）

①「日本と中国における「漢文教育」の比較研究―杜甫「春望」の場合―」丁秋娜（研究協力員）

②「漢文教育における漢字・漢語の発展的習得」政岡依子（成蹊中学・高等学校）

③「漢字・漢語と生活（5）」堀　誠（部会主任）
④「各人一字雑抄」持ち寄り発表（一漢字四〇〇字）
第六回部会研修会（二〇〇九年一月十七日（土）十五時～十九時）
①「韓国における漢文教育について」丁允英（研究協力員）
②「幽黙と漢字・漢語―林語堂の世界から考える―」崔海燕（西南大学外国語学院）
③「漢字・漢語と生活（6）」堀　誠（部会主任）
④「各人一字雑抄」持ち寄り発表（一漢字四〇〇字）
第七回部会研修会（二〇〇九年二月二十八日（土）十五時～十九時）
①「漢字・漢文に関する教場での試み―勤務校での実践と課題―」宮　利政（城北学園教諭）
②「イタリアにおける漢字・漢語の教育と学習」ガラ　マリア　フォッラコ（大学院教育学研究科）
③「漢字・漢語と生活（7）」堀　誠（部会主任）
④「各人一字雑抄」持ち寄り発表（一漢字四〇〇字）
第八回部会研修会（二〇〇九年三月十四日（土）十五時～十九時）
①「小学校における漢字の学習―現状と提言―」山本　由紀子（東京都公立小学校教諭）
②「工業高校における漢文教育（実践例）」石本　波留子（都立北豊島工業高校教諭）
③「漢字・漢語と生活（8）」堀　誠（部会主任）

＊二〇〇九年度
第九回部会研修会（二〇〇九年五月十六日（土）十五時～十八時）
①「二年度目の活動に向けて」堀　誠（部会主任）
②「漢字・漢語と生活（9）」堀　誠（部会主任）
第十回部会研修会（二〇〇九年六月十三日（土）十五時～十九時）
①「「漢字家族」を用いて意欲を喚起する漢字学習―体験と発見を重視した漢字授業実践の試み―」李　軍（研究協力員）

②「漢字・漢語と生活（10）」堀　誠（部会主任）
第十一回部会研修会（二〇〇九年七月十一日（土）十五時〜十九時）
①「教育実習で考えたこと―漢字・漢語・漢文をめぐって―」上原　菜摘子（早大大学院教育学研究科修士課程）
②「漢字・漢語と生活（11）」堀　誠（部会主任）
第十二回部会研修会（二〇〇九年十一月二十一日（土）十五時〜十九時）
①「漢字・漢語と生活（12）」堀　誠（部会主任）
②「各人一字雑抄」持ち寄り発表（一漢字四〇〇字）
③成果発表に向けての検討（1）
第十三回部会研修会（二〇〇九年十二月十二日（土）十五時〜十九時）
①「漢字・漢語と生活（13）」堀　誠（部会主任）
②「各人一字雑抄」持ち寄り発表（一漢字四〇〇字）
③成果発表に向けての検討（2）
第十四回部会研修会（二〇一〇年二月二十七日（土）十五時〜十九時）
①「漢字の史的変遷とそれに関わる問題点」松本　豊（早大大学院教育学研究科修士課程）
②「名前における漢字表記とその意義―日本語教育の見地から―」
藤本　陽子（ソフトブリッジソリューションズジャパン）
③「大学における漢文教育の現状と課題―聖学院大学の実践―」濱田　寛（特別研究員）
④「漢字・漢語と生活（14）」堀　誠（部会主任）
⑤「各人一字雑抄」持ち寄り発表（一漢字四〇〇字）
第十五回部会研修会（二〇一〇年三月二十日（土）十五時〜十九時）
①「卒業論文の取り組みから―人名にまつわる漢字」菅本　慈子（早稲田大学教育学部在学）
②「今を生きる子どもと漢文を考える―唐詩教材を通して―」三輪　彩子（早大大学院教育学研究科博士課程）
③「各人一字雑抄」持ち寄り発表（一漢字四〇〇字）
④「漢字・漢語と生活（15）―一カ年の活動を振り返って―」堀　誠（部会主任）

ま　行

や　行

ら　行

わ　行

な　行

は　行

た　行

さ行

索　　引〔事項・人名・書名〕

あ　行

か　行

執筆者一覧

＊堀　　誠　早稲田大学教育・総合科学学術院　教授　博士(学術)早稲田大学
山本由紀子　町田市立南第四小学校　教諭
李　　軍　早稲田大学大学院教育学研究科博士後期課程在学
宮　利政　開成中学・高等学校　教諭
政岡　依子　成蹊中学・高等学校　教諭
林　教子　文部科学省　教科書調査官
大村　文美　静岡県立富岳館高等学校　教諭
石本波留子　東京都立北豊島工業高等学校　教諭
早稲田大学大学院教育学研究科博士後期課程在学
内田　剛　立命館中学校・高等学校　教諭
濱田　寛　聖学院大学　准教授　博士(学術)早稲田大学
丁　秋娜　揚州大学外国語学院　日本語教師
早稲田大学大学院教育学研究科博士後期課程在学
丁　允英　早稲田大学大学院教育学研究科研究生
ガラ・マリア・フォッラコ
ナポリ東洋大学大学院博士課程在学
元早稲田大学大学院教育学研究科委託科目等履修生

(執筆順　＊は編者)

漢字・漢語・漢文の教育と指導　[早稲田教育叢書30]

2011年3月30日　第1版第1刷発行

編著者　堀　誠

編纂所　早稲田大学教育総合研究所
〒169-8050　東京都新宿区西早稲田1－6－1　電話　03 (5286) 3838

発行者　田 中 千 津 子　〒153-0064　東京都目黒区下目黒3－6－1
電　話　03 (3715) 1501(代)
発行所　株式会社　学 文 社　FAX　03 (3715) 2012
http://www.gakubunsha.com

印刷所　東光整版印刷株式会社

落丁・乱丁の場合は，本社でお取替えします
定価はカバー・売上カード表示

ISBN 978-4-7620-2158-9

早稲田教育叢書

早稲田大学教育総合研究所　編修

(25)

大津雄一・金井景子 編著

声の力と国語教育

2,520 円（税込）
ISBN978-4-7620-1674-5
C3337　A5 判　232 頁

子どもたちへ「声」を届け，子どもたちの「声」を引き出すさまざまな活動と実践研究から，国語教育の重要な一角を占める音声言語教育分野に関する教員養成の現状と課題を再考。日本文学や中国文学の研究者，国語教育の研究者，学校現場に立つ教員，朗読家や読み聞かせの専門家などによる「朗読の理論と実践の会」の活動記録と研究成果を紹介する。

(26)

坂爪一幸 編著

2,520 円（税込）
ISBN978-4-7620-1758-2
C3337　A5 判　238 頁

特別支援教育に活かせる

発達障害のアセスメントとケーススタディ

—発達神経心理学的な理解と対応：言語機能編—　〈言語機能アセスメントツール〉付

言語機能面における発達障害への理解を深め，アセスメントに役立つ最新の知見を発達神経心理学的な視点からわかりやすくまとめた。付録に掲載した言語機能アセスメントツールでは，ツールの使い方をイラスト入りで実践的に解説。特別支援教育にかかわる人へ，理論と実践を融合した最適書。

27

1,680 円（税込）
ISBN978-4-7620-1952-4
C3337　A5 判　158 頁

白石裕 編著

学校管理職に求められる力量とは何か

大学院における養成・研修の実態と課題

学校を支え動かす学校管理職の力とは何か。大学院における学校管理職養成・研修の現状と課題はどのようなものか。２年間実施した現職校長を対象とするアンケート調査の結果分析を通して，学校管理職に求められる力量について検討する。その他 2007 年に開催した公開シンポジウムの講演と報告を掲載。

28

安彦忠彦 編著

「教育」の常識・非常識

1,575 円（税込）
ISBN978-4-7620-2049-0
C3337　A5 判　142 頁

公教育と私教育をめぐって

政治家やジャーナリズムにより喧伝され「常識」となっている “教育＝サービス論” により，「公教育」と「私教育」は同質のものとみなされるようになっている。本書では，それらの「常識」の矛盾を示し，「公教育」に対するものとして，「私教育」の意義に焦点を当てる。

早稲田教育叢書

早稲田大学教育総合研究所　編修

(29)

沖　清豪・岡田聡志 編著

2,520円（税込）
ISBN978-4-7620-2157-2
C3337　A5判　216頁

データによる大学教育の自己改善

インスティテューショナル・リサーチの過去・現在・展望

高等教育機関，とりわけ大学におけるインスティテューショナル・リサーチ（ＩＲ，Institutional Research）に関する現時点までの研究成果と知見をまとめ，大学改革においてＩＲ導入の際に考慮すべき点を提示し，今後を展望する。IR関連の国際的文献・資料も収録。

(30)

堀　誠 編著

2,625円（税込）
ISBN978-4-7620-2158-9
C3337　A5判　256頁

漢字・漢語・漢文の教育と指導

「ことばの力」の源泉を探究する試み。「読む」「書く」「話す」「聞く」という，漢字・漢語・漢文のもつ根源的な力の発見と、その力を育むための実践的な方法の考案，教材や指導法を提案する。また漢字のもつ歴史，漢語・熟語・故事成語の成り立ちとその意味世界，そして訓読による漢語・漢文の理解方法など，さまざまな視点から現実を見つめ直し，漢字・漢語・漢文の世界を多角的に掘りおこす。